최고의 풍수 인테리어 전문가 이상인 박사의 특별한 제안 2

사랑과 행운의 풍수 인테리어

사랑과 행운의 풍수 인테리어

이상인 지음

창해

Prologue

우리의 삶을 좀 더 편안하고 행복하게 만드는 방법

국내에 아파트 붐이 일어났던 1970년 후반, 대학에서 건축학을 전공한 필자는 주택 · 아파트를 전문으로 시공하는 (주)라이프주택에 건축 기사로 입사했다. 현장 기사로 근무하면서 당시 서민아파트라고 일컬어지던 시영아파트, 튼튼하고 꼼꼼하기로 정평이 나 있던 고층 주공아파트, 여자의 마음을 읽고 설계해 소비자의 마음을 움직인다는 민영아파트, 돈 많은 사람들을 위해 특별히 설계된 별장 · 고급주택 등 주택에 관계된 모든 건설 현장에서 경험을 쌓았다.

그러던 어느 날, 운이 좋아서였을까. 잠실의 장미아파트 모델하우스 현장에 발령을 받았다. 지금도 아파트 분양이 모델하우스의 품질에 따라서 결정되듯 당시에도 아파트 분양 실적이 회사의 대외 신용도와 직결되었다. 따라서 아파트 모델하우스 신축은 주택건설회사의 운명을 좌우할 수도 있었다.

필자가 아파트 건설 현장에서 시공 기사로 근무하면서 내심 못마땅하게 생각했던 부분들이 많았기 때문에, 모델하우스 시공 기사로 근무하게 된 것은 여러 면에서 좋은 기회였다. 모델하우스 공사를 하면서 수정되어야 할 부분들은 회사에 건의하고 직접 수정하면서 보다 나은 모델하우스를 만들기 위해 노력한 결과, 내가 직접 시공한 첫 번째 모델하우스가 소비자에게 대호평을 받았다. 회사에서도 노력을 인정해주어 그 후 모델하우스 전문 기사로 수많은 모델하우스를 시공하였다. 물론 각계각층의 소비자를 만나면서 주택에 관계된 많은 조언들도 듣게 되었다.

당시 어느 주부가 "이번에 분양하는 아파트 단지는 도로변에 인접해 있기 때문에 무엇보다 소음 방지에 역점을 둬야 한다"고 조언해주었다. 나는 타당성이 있다고 생각하여 즉시 회사에 건의하였고, 당시 아파트 시공업계 최초로 적지 않은 비용을 추가하여 발코니 유리를 이중유리로 설치하였다. 이는 소비자를 위한 시공법이라 해서 모든 일간지에 소개될 정도로 좋은 반응을 얻었다. 그 후부터는 모든 아파트 업체가 발코니 창문을 이중유리로 시공하고 있다.

현재 풍수 인테리어 컨설턴트의 입장에서 본다면, 폭넓은 경험이 될 수 있는 경력이 하나 더 있다. 현장 공사를 마무리하고 다음 공사까지 공백이 생기는 틈틈이 아파트 하자 보수반에 근무하게 된 것이다. 아파트 하자 보수반에서의 근무는 각계각층의 많은 입주자들의 주택 내부 인테리어를 접하면서 느낌이 편하고 좋은 집, 왠지 답답하고 불편한 집 등 주택 인테리어의 여러 가지 측면을 체득할 수 있는 계기가 되었다. 그 후 외국의 주택건설현장에도 근무하면서 우리와는 전혀 다른 풍토에서 살아가는 사람들의 주택 구조와 인테리어 양식을 접할 수 있었던 점도 좋은 경험이 되었다.

최근 사회적으로 큰 반향을 일으키고 있는 풍수 인테리어와 관련된 서적을 보면 미진한 점이 너무 많다. 가장 큰 이유 중 하나는 풍수 인테리어를 고전의 풍수 이론에 꿰어 맞추고 있는 점이다. 생활 풍수 인테리어라고 제목 붙인 책의 내용을 보면 대부분 음택陰宅이라 불리는 묘지의 풍수 이론에서 벗어나지 못하고 있다. 참으로 안타까운 일이다.

풍수는 국가의 번영을 위하여 성城과 부락의 위치를 가장 좋은 곳에 잡기 위하여 노력한 것이 그 시작이라고 할 수 있다. 따라서 '어떻게 하면 나와 가장 가까운 환경인 주거 공간의 기운을 좋게 해서 좀 더 행복해질 수 있을까'를 고민하는 것이 풍수 인테리어의 올바른 개념이다.

Prologue

누구나 한두 번쯤은 낯선 공간에 갔는데도 유난히 편안했거나 혹은 불편했던 경험이 있을 것이다. 풍수 인테리어란 바로 그렇게 피부에 닿는 느낌을 연구하는 학문이다. '어떻게 하면 좀 더 안락하고 쾌적하게 살 수 있을까' 하는 지혜를 모으는 것이 풍수 인테리어라고 필자는 정의한다.

생활 풍수 인테리어의 개념을 쉽게 이해할 수 있도록 동서남북 4방위를 하루 중에 일어나는 상황에 맞추어 설명해보겠다.

풍수에서 동쪽 방위의 힘은 도전 정신을 뜻하고, 색상은 파랑, 보라 등을 상징한다. 이유는 동쪽에서 태양이 떠오르기 때문이다. 하루를 시작하면서 대다수의 사람들은 희망과 도전 정신을 갖는다. 태양이 힘차게 떠오르는 장면을 보면서 슬프다는 감정을 가질 수는 없을 것이다. 나아가 일출을 보면 주먹을 불끈 쥐고 무언가 하겠다는 의지를 가지게 되지, 술 한잔하고 싶다는 생각을 하게 되는 사람은 아마 없을 것이다.

같은 의미로 남쪽은 점심 무렵을 의미한다. 태양이 불같이 왕성하게 타오르기 때문에 활동력을 상징하고 그것이 이어지면 명예를 얻을 수 있다. 그런데 꼭 좋은 점만 있는 것은 아니다. 삶이란 항상 상대적인 개념이 존재하게 마련이다. 부정적인 방향으로 생각하면 불필요한 활동을 많이 하게 되어 인간관계에 충돌이 생기거나 이별이 있을 수도 있다. 그런 부정적인 기운을 긍정적인 기운으로 바꾸어 삶을 더 행복하게 하는 것이 진정한 의미의 풍수다.

풍수 인테리어는 어느 특정인의 독점적 학문이 아니라, 누구나 약간의 노력만으로 충분히 자신의 체질에 맞게 조정할 수 있는 생활과학이다. 실제로 집 안에 있는 작은 액자 하나, 커튼의 색상만 바꿔도 기분이 확 달라지는 것은 누구나 체험했을 것이다.

그렇지만 일반인들이 인테리어를 하려고 해도 복잡한 상황에 지쳐 대부분 인테리어 업자에게 알아서 하라는 식으로 맡기게 된다. 또는 인테리어 업자가 권하는 스타일에 맞추는 경우가 많다. 그러나 그것은 자신의 삶이 아니라 남을 위한 삶이 될 수 있다. 이제부터는 풍수의 방위에 따른 색상과 의미를 적용하여 더 쾌적한 환경을 만들 수 있도록 노력해야 한다.

이 책은 자신과 가족에게 도움이 될 수 있는 방법을 음양을 기본으로 하는 풍수 이론에 체계적으로 적용하여 실제 생활에 응용할 수 있도록 구체적으로 제시했다.

그러나 이 책이 모든 상황에 적용되는 절대적인 것은 아니다. 현대 풍수 인테리어의 올바른 생각은 첫째, 주어진 환경에서 최선을 다한다는 것이고 둘째, 자신의 상황에 맞게 부분적으로 변형해서 적용하는 것이다. 따라서 풍수의 기본 원리를 이해하여 자신의 취향에 맞도록 부분적으로 보완을 한다면 보다 더 행복하고 편안한 삶을 살 수 있을 것이다.

풍수 인테리어의 목적은 물질에 국한된 것이 아니라 마음의 풍요로움을 얻는 데 있다. 마음이 풍요로워지면 삶에 탄력이 생기고 더불어 적극적인 사고방식과 행동 양식으로 주변이 변화되어 결국은 현재보다 더 행복하고 의미 있는 삶을 살아갈 수 있다는 점을 명심하자.

石波 이 상 인

Contents

Part 2

사랑과 행운이 드나드는 출입구 **현관**

Part 3

사랑을 요리하는 공간 **부엌**

Contents

Part 6

참된 사랑을 이루게 해주는 Love Point Interior

part 1

풍수란 무엇인가

love lucky

풍수학의 기초 이론

"새도 쉬려고 할 때는 숲을 고른다鳥之將息 必擇其林"는 말이 있다. 하물며 사람이 사는 주거지의 중요성이야 아무리 강조한다 한들 지나침이 없을 것이다.

자연지리학의 시조라고 불리는 독일의 훔볼트 Alexander Von Humboldt, 1769~1859 는 인간은 환경의 동물로 환경에 영향을 주고, 환경은 인간에게 영향을 준다고 하였다. 그 후 많은 학자들이 자연 환경과 인간의 상호 연관성에 관심을 가지고 끊임없이 연구를 하고 있다. 우리의 선조들 역시 '풍수지리설' 이라는 사상 체계를 계승시켜 왔는데, 그 내용의 진위를 떠나 오늘날까지도 그 영향이 알게 모르게 곳곳에 미치고 있다는 사실은 누구나 알고 있을 것이다.

풍수의 경전인 『청오경靑烏經』에선 "음양이란 서로 꼭 들어맞는 것이기에 하늘과 땅이 교통할 수 있고, 내부에서 싹 튼 기운이 밖에서 형체를 이루듯 안팎의 기운이 서로 화합할 때 비로소 풍수의 완성을 이루게 된다陰陽符合 天地交通 內氣萌生 外氣形成 內外相乘 風水自成"고 하였다. 또 『지리탁옥부地理琢玉斧』에서는 "예로부터 수많은 지리서가 있지만 참다운 뜻은 음양陰陽이라는 개념 사이를 벗어나지 못하는 것이니, 음양의 오묘함을 꿰뚫어 알 수 있다면 인간들 사이에서 신선으로 추앙 받아도 가히 부끄러움이 없을 것이다古傳地理千百卷 義括陰陽兩者間 識透陰陽奇妙處 無愧人間行地仙"라고 하였다. 이와 같은 책들에서도 알 수 있듯이 풍수는 음양오행의 구조를 근간으로 삼고 있는 사상이다.

풍수지리학은 크게 음택陰宅과 양기陽基(일반적으로 양택陽宅이라고 함)로 구분한다. 이중 음택은 죽은 자를 위한 집, 즉 묘지墓地 · 납골당 · 영안실 등을 말하고, 양기는 살아 있는 사람들이 생활하는 주택 · 점포 · 사무실 등 인간이 생활하면서 접하는 모든 건축 구조물을 말한다. 풍수지리학은 이러한 음택과 양기가 인간에게 어떤 영향을 미치는지 연구하는 학문이다.

풍수의 기본 사상은 인간이 우주의 산물이라는 것에서 기인한다. 그러므로 인간들이 살고 있는 집이나 죽은 뒤에 묻힐 집은 자연과의 적절한 조화, 즉 음양론陰陽論과 오행설五行說에 근거한 풍수 이론에 의하여 적절하게 안배되어야 한다.

풍수학적 음양오행 사상의 음양론은 음陰의 기본이 되는 땅과 양陽의 기본이 되는 하늘이 조금씩 변화하면서 기의 흐름이 생기는데, 그것이 인간에게 직접적인 영향을 미친다고 설명하고 있다. 이런 해석은 삼신三神 사상에서 그 근원을 찾을 수 있다. 삼신이란 천일天一, 지일地一, 태일太一의 세 가지로 구분한다. 천일은 하늘의 기운을, 지일은 땅의 기운을, 태일은 만물의 근원인 영적 생명력을 말한다. 따라서 인간이란 영혼과 하늘의 기운, 땅의 기운이 결합된 생명체라고 보는 것이다.

현대 풍수 이론에서는 하늘과 땅, 즉 음양의 기운이 변화하는 과정에서 발생하는 힘을 기氣라 하는데 이것이 인간의 생활을 좌우하는 생명력이다. 다시 말하면 기는 세상의 모든 생명체를 구성하고 또 변화를 일으키는 원동력이 된다. 그러므로 우리 인간은 기의 영향에 따라서 행복한 삶을 살아갈 수 있으며 기가 쇠약해질 때 죽음을 맞이하게 된다. 기의 흐름을 좌우하는 음양을 도표로 보면 다음과 같다.

陰	地	月	水	女	小	暗	底	短	靜	濁	보수적	부정적	수동적	소극적
陽	天	日	火	男	大	明	高	長	動	淸	진취적	긍정적	능동적	적극적

풍수학의 음양오행론

풍수에서 오행론의 근원은 천문天文 사상에서 비롯되었다. 옛사람들은 인간의 삶은 하늘의 힘에 의하여 좌우된다고 믿었다. 별의 흐름이 인간에게 영향을 미치기 때문에 인간의 운명과 밀접한 관계가 있다고 생각하였고, 서양에서 발달한 점성술 역시 그중 하나이다. 그리고 오행 이론도 이러한 천문 사상에서 발생되었다.

오행이란 목木 · 화火 · 토土 · 금金 · 수水의 다섯 가지 기운을 말한다.

목木은 나무와 같이 상승하는 기운을 말한다. 즉 위로 올라가는 속성을 가졌고, 계절로는 봄에 해당한다. 봄은 희망과 생명력을 뜻하고 이는 목의 특징이기도 하다. 물리학적으로 보면 목의 기운은 원심력에 가깝다.

화火는 불과 같이 사방팔방으로 확산하면서 폭발하는 기운을 가지고 있다. 즉 격렬하게 분출되는 속성을 가졌다. 화는 여름에 해당하는데 여름에 나무가 무성해지는 정열적인 힘을 발산하는 기운이 바로 화다. 물리학적으로 보면 화의 기운은 열에너지로 표현할 수 있다.

토土는 목 · 화 · 금 · 수의 성정을 조금씩 골고루 가진 중앙의 기운이다. 또한 이들을 적절하게 통제할 수 있는 균형을 가졌고, 네 가지의 기운을 포용하는 완충지이기도 하다. 계절이 바뀌는 환절기가 바로 토의 속성이다.

금金은 응고하려는 기운을 가지고 있으며 수확을 뜻한다. 계절로는 가을에 해당한다. 모든 곡식이 열매를 맺는 결실의 계절이면서 추수가 끝난 빈 들판 같은 양면성을 가지고 있다. 또한 겨울을 준비하며 움츠러드는 성향이 있는데 이를 물리학의 관점으로 보면 구심력이라 할 수 있다.

수水는 물처럼 아래로 내려가려는 기운이다. 물은 장애물이 있으면 돌아가는 유연함을 상징하기도 하고, 날씨가 추우면 결빙되는 것처럼 환경 적응력이 뛰어난 편이다. 계절로는 겨울에 해당하고 봄이 올 때까지 기다리는 생명력의 준비를 뜻하는 기운이기도 하다. 한편 모든 물체는 물과 같이 아래로 떨어지려는 성질을 갖고 있으며 이를 물리학적으로 중력이라고 한다.

오행	방향	색	계절	숫자	사신
목(木)	동쪽(左)	청	봄	3·8	청룡
화(火)	남쪽(前)	적	여름	2·7	주작
토(土)	중앙	백	환절기	5·10	사람
금(金)	서쪽(右)	황	가을	4·9	백호
수(水)	북쪽(後)	흑	겨울	1·6	현무

풍수지리학의 과학적 이론

인간은 직접 눈으로 볼 수 있는 태양계의 여러 행성과 지구에서 발산되는 자력 · 인력 · 방사선 · 전자파 등과 직접 눈으로 볼 수 없는 공기 · 바람 등의 영향을 받으면서 살고 있다. 이러한 유 · 무형에서 발산되는 여러 가지 기운들이 시간, 장소, 거리, 방향 등에 따라서 인간에게 많은 영향을 미친다. 이러한 원리를 간단하게 규명하면 다음과 같다.

첫째, 보름이 되면 달의 인력으로 인간의 뇌 세포가 확장되면서 정서 불안의 증세가 나타나는 것은 이미 여러 실험을 통해 밝혀졌다. 즉 달에서 발산되는 무형의 영향력이 시간의 변화에 따라서 인간에게 미치는 영향이 달라진다는 사실을 확인할 수 있는 것이다.

둘째, 사회적으로 문제가 되고 있는 전자파의 실체와 라디오나 TV 혹은 휴대전화를 사용할 때 장소와 방향에 따라서 반응하는 정도가 다르다는 것을 체험했을 것이다. 이것 역시 주변 환경의 영향으로 나타나는 현상이라고 할 수 있다.

셋째, 같은 식물을 환경이 다른 곳에 놓고 일정 기간이 지난 후에 살펴보면 성장 상태가 같지 않다는 것을 알 수 있다. 이와 같이 아주 작은 공간이라도 환경과 장소가 다르면 그만큼 물체에게 영향을 끼치고 그 결과는 다르게 나타난다.

마지막으로 어떤 낯선 공간에 들어섰을 때, 분명 처음 와본 곳인데도 전혀 생소한 느낌이 들지 않는 경험을 가진 적이 있을 것이다(혹은 그 반대인 경우도 있을 것이다). 이런 현상은 그 공간이 사람에게 전달하는 무형의 기가 작용하기 때문에 일어나는 현상이다.

이상과 같은 간단한 원리에서 보듯 시간, 장소, 거리, 방향 등의 변화에 따라 물체에 미치는 영향이 다르다는 것을 알 수 있다. 현대 풍수는 이러한 유 · 무형의 환경 요인에서 발산되는 기의 흐름을 적절하게 안배하여 우리의 삶을 보다 풍요롭고 건강하게 영위할 수 있도록 도와주는 데 그 목적이 있다. 하지만 일부 지관들이 풍수의 뜻을 왜곡시켜 일반인들이 풍수라면 음택에만 적용되는 것으로 잘못 알고 있는 경우가 많다.

음택이란 유교의 추원보본追遠報本 사상과 효 사상, 그에 따른 자손들의 공리성功利性과 합해져 크게 성행해왔다. 그것은 풍수 본래의 사상과는 다른 감염주술感染呪術 관념일 뿐이다. 묘지가 살아 있는 사람에게 미치는 영향은 죽은 이가 주변의 여러 가지 환경적인 요소로 받는 영향을 방사선 파장을 통하여 후손들에게 감응을 보내기 때문에 미세하고 간접적인 영향이라고 할 수 있다. 또 음택 이론 중 묘지에 관계된 이론은 효 사상을 풍수에 접목시켜 확대 해석한 부분이 많다. 이제 국토의 상당 부분을 잠식하고 있는 음택 이론은 장례 문화의 변화와 함께 상당 부분 버려야 할 때이다.

그에 비하여 양기는 사람들이 생활하면서 느끼는 직접적인 것이기 때문에 더 강력한 영향을 미친다고 할 수 있다. 그러므로 현대 풍수지리학은 양기에 더 많은 관심을 가지고 연구하여 발전시켜나가야 할 것이다.

운명을 바꾸는 개운환경학, 풍수 인테리어

현대인은 많은 시간 건물 내부에서 생활한다. 그렇기에 실내에 있는 동안 건물이 위치한 지세나 지형에서 발생하는 기운과 건물에서 발생하는 기운, 부속물의 배치에서 나타나는 기를 동시에 받게 된다. 이 같은 기에 영향을 주는 요인은 건물의 방위, 규모, 배치, 형태와 주변의 도로, 다른 건물과의 관계, 건축물의 재료와 색상, 건물 내부 부속물의 형태와 방위, 가구의 종류와 장식 등 여러 가지가 있을 수 있다.

지형이나 지세가 명당이라도 건물의 형태와 방위 등이 적절하지 못하면 완전한 명당이 될 수 없다. 그러나 현대 사회에서 여러 가지 사항들을 모두 충족시키는 아파트나 사무실을 내 맘대로 짓기는 쉽지 않으므로, 현대적 의미의 풍수는 주어진 여건에서 최소의 노력으로 최상의 기운을 찾아내는 것이라고 할 수 있겠다.

운이 좋고 나쁨은 환경에 달려 있다. 가구의 배치나 소품을 바꾸는 것만으로도 좋은 기운을 불러들일 수 있으며, 그것만으로도 충분히 행복해질 수 있다. 그것이 바로 주거 공간에 풍수 인테리어를 적용하는 이유이며, 그로 인해 보다 안락하고 여유로운 삶을 영위하는 것이 풍수 인테리어의 목적이다.

현대 풍수는 운명을 바꾸는 개운환경학開運環境學이다. 행운이 가득한 행복한 인생을 만들기 위해서는 무엇보다도 가장 가까운 환경, 즉 주거 공간을 좋은 기운으로 가득 차도록 바꿔야 한다. 이것은 방위가 지니고 있는 특징을 잘 활용하는 것만으로도 충분히 가능하다.

주어진 여건에서 최선을 다하는 것, 그것이 바로 풍수 인테리어이다.

집의 중심 찾기

풍수는 이러한 유무형의 기의 흐름을 신체 에너지와 적절하게 조화를 찾게 하여 보다 안락하고 편안한 삶을 살아갈 수 있도록 도와주는 데 그 목적이 있다. 운이 좋고 나쁨은 사람이 생활하는 환경에 달려 있기 때문이다. 누구나 가구의 배치나 소품을 바꾸는 것만으로도 기분이 달라지는 것을 느낄 수 있었던 것처럼, 우주 만물의 좋은 기운을 가정에 불러들여 행복해질 수 있다는 것이 풍수 인테리어의 기본 이론이다.

현대적 의미에서 풍수 인테리어는 운명을 바꿀 수도 있는 개운환경학이다. 행운이 가득한 행복한 인생을 만들기 위해서는 무엇보다도 가장 가까운 환경, 즉 주거 공간의 기운을 좋은 기운으로 바꿔야 한다. 주어진 여건에서 최선을 다하는 것, 그것이 바로 풍수 인테리어다. 더욱이 자신의 기질과 특성에 맞는 풍수 인테리어를 적용한다면 보다 안락하고 여유로운 삶을 살아갈 수 있을 것이다.

집안의 중심은 집 안의 기를 좌우하는 심장과 같은 곳이다

일반적으로 집의 중심에서 보았을 때, 거실의 창문이 동쪽에 있으면 동향집, 남쪽에 있으면 남향집이라고 부른다.

그렇다면 집의 중심과 방위가 필요한 이유가 무엇일까? 그 이유를 살펴보자. 이를테면 열정적이면서도 뜨거운 기운을 가진 사람은 그 열기를 조금이라도 식히기 위해 찬 기운이 흐르는 북쪽의 기운이 필요하다.

이렇듯 집 안의 방위를 알려면 먼저 집의 중심을 찾아야 한다. 집의 중심은 그 집의 모든 기운이 모이는 곳으로 집 안에서 혈穴에 해당하는 소중한 곳이기도 하다. 혈은 인체에 비유하면 심장에 해당할 정도로 상당히 중요한 곳이므로, 평상시에도 무거운 것이나 더러운 것, 부정한 물건을 놓지 않는 등 잘 살피고 관리해야 한다.

집의 방위를 찾는 방법

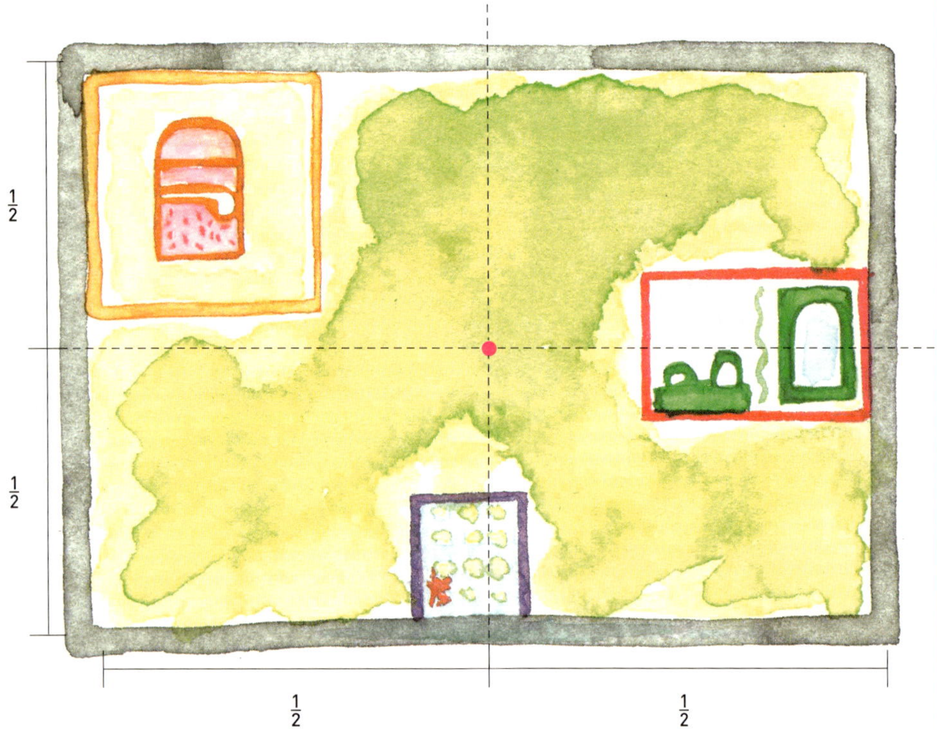

그림 1

1. 나침반과 줄자, 각도기 등을 준비한다.
2. 집의 평면도를 구한다. 평면도를 구할 수 없으면 현관, 거실, 침실, 부엌 등의 공간을 그린다. 아파트와 같은 공동주택은 거주하는 실내 공간을 모두 포함한다. 그러나 단독주택은 마당과 외부 창고, 차고 등을 제외한 공간만 해당된다.
3. 사각형의 경우에는 〈그림 1〉과 같이 평면도의 중간 부분을 동–서, 남–북으로 연결하여 직각으로 만나는 점이 중심점 및 행운의 공간이 된다. 사각형이 아닌 경우에는 두꺼운 종

이에 평면도를 그린 후에 송곳, 연필 등 끝이 뾰족한 것 위에 평면도를 올려놓고 균형이 잡히는 지점이 집의 중심점이다.

4. 평면도에서 집이나 방의 중심을 찾았으면 실제의 집의 중심점 위치에 평면도의 중심점을 일치되게 놓는다. 그리고 평면도의 중심점 위에 나침반을 놓는다.
5. 집의 중심에 나침반을 놓고 붉은 침이 가리키는 방향 혹은 N을 가리키는 방향이 북쪽이다. 북쪽을 표시하고 중심을 통과하는 정반대 방향에 남쪽을 표시한다. 평면도에 남과 북을 연결하는 선을 그린 후에 중심점에서 오른쪽으로 직각을 이루는 방향은 동쪽, 왼쪽으로 직각을 이루는 방향은 서쪽이다. 북쪽과 남쪽, 동쪽과 서쪽의 방향에서 중심점을 통과하게 선을 그린다.
6. 동, 서, 남, 북의 위치에서 4방위 사이에 있는 공간이 각각 북동, 동남, 남서, 서북의 범위가 된다. 이때 북동쪽, 남서쪽을 이귀문裏鬼門 방위라고 한다. 말 그대로 귀신이 출입하는 방위로 풍수에서는 중요한 의미를 지닌다.
7. 집의 방위를 알려면 거실의 창문이 어느 방향에 있는가를 살펴보면 된다. 거실의 창이 남쪽이면 남향집, 동쪽이면 동향집 등으로 부르는 것이 일반적이다.

행운의 포인트를 찾는다

행운의 기운은 현관으로 들어와 집의 중심을 통과해 정면의 벽까지 곧바로 뻗어나간다. 이 기운이 지나가는 길목이 바로 행운의 공간이다. 집의 운기를 높이는 풍수 인테리어를 하기 위해서는 이 영역에 가능한 오래 머물러 좋은 기운을 흡수하는 것이 비결이다. 행운의 공간에는 불이나 물, 지저분한 수납장 등이 있으면 행운의 힘이 저하되므로 각별히 주의한다. 편안한 안락의자 등을 두어 최대한 오래 머무를 수 있는 방법을 찾도록 한다.

침실의 방위 찾기

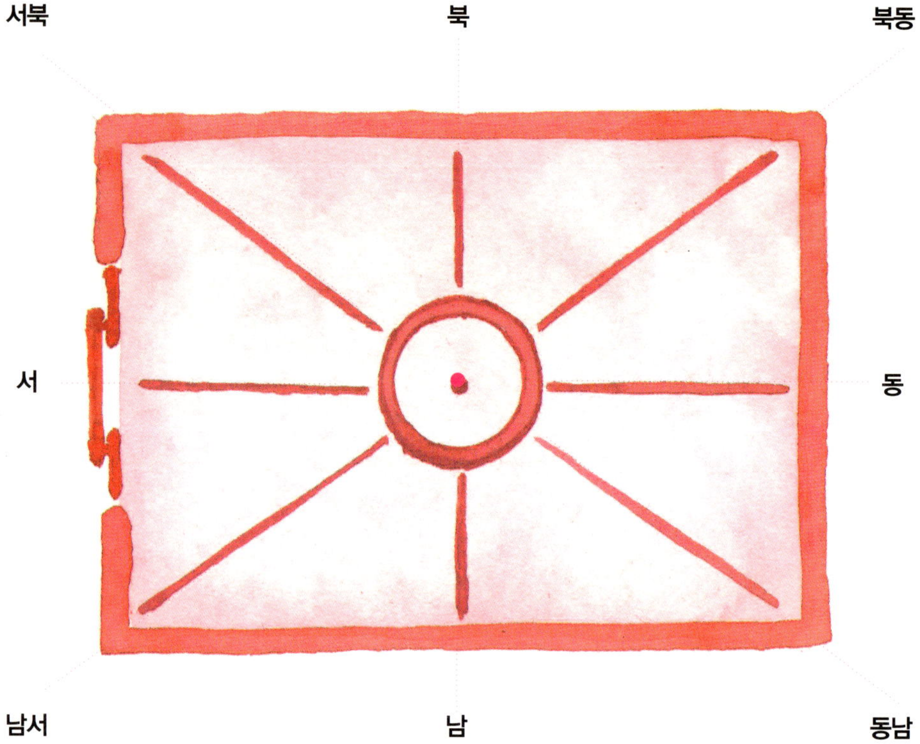

그림 2

본문에 나오는 풍수의 처치 방법에서 침실 혹은 각각의 공간의 방위를 찾는 방법이다.

가구나 소품을 적절하게 배치하기 위해서는 각각의 공간에서의 방위도 찾아야 한다. 방위를 찾는 방법은 〈그림 2〉와 같이 각각의 공간 중심에서 나침반을 들고 동, 서, 남, 북을 확인한다. 평면도를 그린 종이에 방향 표시를 하고 현재 가구의 위치를 그린 뒤, 가구나 소품을 내게 행운을 부르는 이상적인 곳으로 옮긴다.

방위의 속성

자연계의 힘 중에서도 태양의 움직임을 중시하는 풍수 인테리어에서는 중앙의 1궁宮을 기점으로 방위를 8개로 나눈다. 1궁+8방위 즉, 9방위는 각각의 방향마다 고유한 특성이 있으며 서로 다른 기운들을 지배하는 것이다.

예를 들면 해가 뜨는 동쪽은 모든 일의 시작을 상징하고 젊음의 기상과 도전 정신을 의미한다. 반대로 해가 지는 서쪽은 낭만적인 분위기 탓에 대화나 연애를 상징한다. 또 태양의 기운이 왕성한 남쪽은 정오 무렵을 상징하기에 많은 사람들을 만날 수 있는 사교성과 열정을 의미한다. 볕이 들지 않는 북쪽은 은밀하게 숨기고 싶은 일과 관련이 되기 때문에 저축이나 신뢰 관계 등을 좌우하는 방위다.

이처럼 각 방위가 의미하는 바를 잘 이해하고 있다면, 각 방위에 맞는 풍수 인테리어를 적용하여 행운과 애정운을 높이는 데 큰 도움을 받을 수 있게 될 것이다.

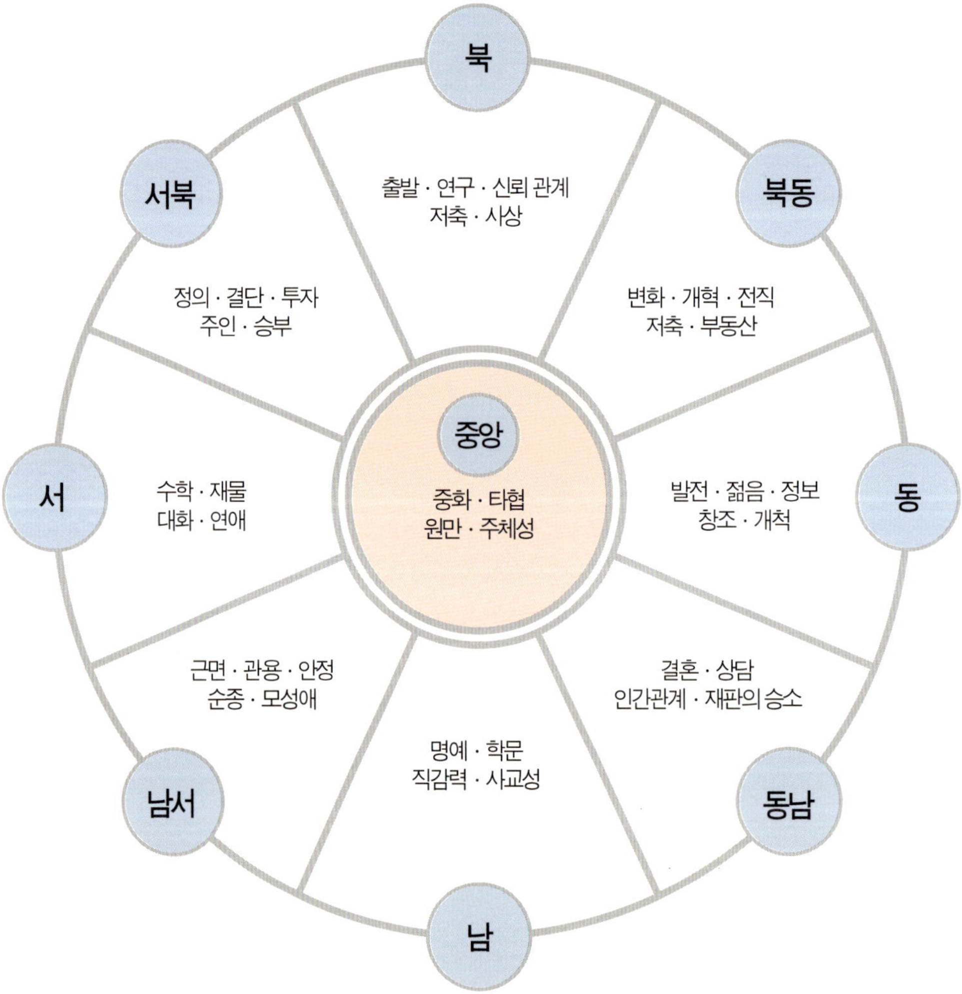
북
출발 · 연구 · 신뢰 관계
저축 · 사상
북동
변화 · 개혁 · 전직
저축 · 부동산
동
발전 · 젊음 · 정보
창조 · 개척
동남
결혼 · 상담
인간관계 · 재판의 승소
남
명예 · 학문
직감력 · 사교성
남서
근면 · 관용 · 안정
순종 · 모성애
서
수학 · 재물
대화 · 연애
서북
정의 · 결단 · 투자
주인 · 승부
중앙
중화 · 타협
원만 · 주체성

방위의 특징

다음의 표는 각 방위가 지배하는 기운과 행운의 색상, 건강 상태 등을 정리한 것이다. 표를 보면서 내게 맞는 것들, 혹은 필요한 것들, 이를테면 금전운 · 건강운 등 관심 사항을 체크한 다음, 자신의 기질과 방위와 맞는 색상을 사용하면 원하는 기운을 더욱 상승시켜 이루고자 하는 목표에 좀 더 쉽고 빠르게 접근할 수 있을 것이다.

동쪽	부정적 기능	쇠퇴, 허약, 재난, 화재
	건강	우울증, 공포심, 간 · 쓸개 질환
	행운의 색	연두, 파랑, 분홍, 보라
동남쪽	부정적 기능	파혼, 결렬, 재판의 패소
	건강	감기, 신경통, 디스크, 뇌일혈
	행운의 색	베이지, 오렌지, 초록, 빨강
남쪽	부정적 기능	감봉, 이별, 범죄, 충돌
	건강	불면증, 심장병, 전염병, 식욕부진
	행운의 색	빨강, 오렌지, 초록, 흰색
남서쪽	부정적 기능	욕망, 망신, 유혹, 자기비하
	건강	위장병, 백치, 정신병, 치매, 정력부진
	행운의 색	갈색, 연보라, 회색, 노랑
서쪽	부정적 기능	은퇴, 타락, 좌절, 낭비, 구설수
	건강	폐 · 호흡기 질환, 두통, 성병, 변비
	행운의 색	흰색, 노랑, 갈색, 분홍, 빨강
서북쪽	부정적 기능	분노, 과욕, 망상, 교통사고
	건강	신경과민, 두통, 혈액순환 질환, 뇌일혈
	행운의 색	흰색, 노랑, 초록, 갈색
북쪽	부정적 기능	번뇌, 갈등, 고독, 음란, 빈곤
	건강	불면증, 우울증, 성병, 신장염
	행운의 색	검정, 흰색, 빨강, 갈색
북동쪽	부정적 기능	정지, 중지, 탐욕, 사기
	건강	소화불량, 위장염, 허리 관절, 식욕부진
	행운의 색	황토색, 흰색, 연녹색, 노랑
중앙	부정적 기능	모사, 거절, 천재지변
	건강	반신불수, 뇌일혈, 당뇨
	행운의 색	검정, 보라, 노랑, 황토색

tip 색깔이 가진 풍수의 힘

빨간색 ★

젊음과 에너지를 의미한다. 동쪽의 물을 사용하는 공간(욕실, 화장실, 부엌)에 빨간색 소품을 사용하면 떠오르는 태양처럼 도전적이며 원기 왕성한 기운을 받을 수 있다.

파란색 ★

청산과 정화를 의미한다. 부엌에 부분적으로 사용하면 다이어트에 효과를 볼 수 있다. 침실에 사용하면 판단력이 좋아진다. 새로운 사랑을 시작하는 사람들이 사용하기에 좋은 색상이다.

노란색 ★

노란색을 사용할 때는 좀 더 신중해야 한다. 풋풋한 연애의 감정과 음습한 타락의 감정이 동시에 존재하기 때문이다. 특히 물을 사용하는 공간에는 노란색을 사용하면 흉한 기운이 사라진다.

초록색 ★

봄의 들판처럼 소생하는 힘을 상징한다. 별거 중인 사람이나 이별의 슬픔으로 상처받은 사람이 녹색 소품이나 식물을 두면 가까운 시일에 상처를 잊고 새로운 사랑을 할 수 있다.

분홍색 ★

황홀한 연애를 상징하는 대표적인 색이다. 결혼하고 싶은 미혼 남녀나 부부 금슬이 좋아지기를 원한다면 북쪽과 동쪽에 분홍색 소품을 장식하면 머지않아 자신의 뜻을 이룰 수 있다.

흰색 ★

특별히 길한 방위도 없으며 흉한 방위도 없는 색상이다. 흰색은 신뢰를 상징하기 때문에 의심이 많은 연인이나 의처증, 의부증이 있는 부부가 사용하면 안정감을 찾고 관계가 원만해진다.

보라색 ★

우아함을 상징하는 색이다. 집의 중심에 사용하는 것이 가장 효과적이다. 또 흉한 기운을 정화시켜주는 기운이 강하기 때문에 창문이 없는 공간에 사용하면 흉한 기운을 맑게 해준다.

tip 풍수 인테리어에 들어가기 전, 이것만은 알아두세요!

아파트의 방위 찾기 ★

아파트는 각 세대의 현관을 일반 주택의 현관과 동일하게 취급한다. 그 다음은 어느 방위에서 아파트로 들어오는지 확인한다. 같은 동이라도 내 집이 건물 전체의 어느 방위에 위치하는가에 따라 운이 달라진다. 가령 남쪽에 위치한 집이라면 균형이 맞도록 북쪽의 기운을 상승시키는 풍수 인테리어를 적용한다.

원룸의 풍수 인테리어 ★

원룸이나 자기 방에만 풍수 인테리어를 적용시킬 때는 그 방이 침실, 거실, 식당 겸용으로 사용되더라도 침실로 간주한다. 풍수에서는 침실이 가장 중요시되기 때문이다.

우선, 원룸에서의 행운의 공간을 찾아 그곳에 오래 머무를 수 있도록 가구를 배치한다. 방의 출입구를 현관으로 간주하고, 앞에서 언급한 행운의 공간 찾기의 방식대로 방의 중심과 현관을 연결하면 행운의 공간이 나온다. 행운의 공간에 침대를 놓으면 좋은 기운을 듬뿍 받을 수 있다.

집의 운기를 높이는 관엽식물과 꽃의 선택 ★

생화가 없을 때는 조화를 이용한다. 단 조화는 그 힘이 3분의 1밖에 나타나지 않으므로 아로마 오일 등을 뿌려 향을 더해 주거나 생화에 해당하는 숫자의 3배를 장식하도록 한다.

조화를 꽂을 땐 먼지가 쌓이지 않도록 항상 깨끗하게 손질하고, 생화든 조화든 화병 밑에는 그 방위에 맞는 행운색의 깔개를 까는 것을 잊지 않는다.

관엽식물은 가지 끝에 잎이 무성한 것이 좋은 기회를 제공하는 힘이 강하다. 화분은 그 방위의 행운색으로 선택하는 것이 좋은데, 색이 맞지 않는다면 굳이 바꾸지 말고 천 또는 종이로 커버하는 것도 괜찮다.

방위에 맞는 그림의 선택 ★

어느 방향에 걸어도 좋은 기운을 높이는 것은 꽃을 그린 그림이다. 반대로 인물화나 추상화는 풍수로 볼 때 그다지 좋은 기운을 얻을 수 없으므로 피하도록 한다. 꽃 그림은 동북쪽에 걸면 애정운이 상승하고, 북쪽에 걸면 정신적인 안정을 얻을 수 있다. 풍수로 보았을 때 북쪽에서 동쪽에 걸쳐 산 그림을 걸고 남쪽에는 넓은 초원 그림을 걸면 제일 좋은 형태가 된다. 반대로 남쪽에 산 그림을 걸면 태양의 기운을 차단하므로 주의해야 한다.

바다 그림은 남국의 바다면 남쪽에, 해가 뜨는 바다면 동쪽에 건다. 또 아침 풍경이면 동쪽에 석양의 그림이면 서쪽에 거는 것처럼 그려진 상황의 시간과 일치하는 방위에 걸거나 각 그림의 이미지에 맞는 방위에 거는 것이 풍수 인테리어에서 그림을 활용하는 기본이다.

또 여러 가지의 색상이 혼합되어 색상을 정확하게 파악할 수 없다면 사진을 찍어보도록 한다. 사진을 찍어 현상한 후에 보면 가장 눈에 띄는 색상을 알 수 있을 것이다.

part 2

사랑과 행운이 드나드는 출입구

현관

love lucky

현관 풍수 인테리어의 포인트

현관은 사랑과 행복이 들어오는 입구이다. 조명과 채광에 각별한 관심을 가지고 밝은 분위기를 유지하도록 한다. 항상 청소와 정돈에 신경 쓰고 행운의 소품을 두면 좋은 일이 생기게 된다.

집 안팎의 경계이기도 한 현관은 기분을 전환하는 장소이기도 하다. 외부에서 기분 나쁜 일이 있었더라도 집에 들어올 때는 현관에서 기분을 전환하도록 해야 한다. 그래야 좋지 않은 기운을 집 안에까지 끌고 들어오지 않게 된다. 현관은 집 안 전체의 기운을 크게 좌우하는 공간이므로 신발장이나 이중문 등으로 정면을 가로막는 것은 좋지 않다.

좁고 협소한 현관을 좋은 기운으로 꾸미는 기본적인 인테리어 방법은 출입문에 맑은 소리가 나는 종이나 풍경을 달아 출입할 때 경쾌한 소리를 내게 하는 것이다. 또 밝은 느낌의 정물화나 깔끔한 풍경화를 거는 것도 좋다.

또 하나 현관 인테리어에서 중요한 소품 중 하나가 바로 거울이다. 거울의 크기와 모양, 위치에 따라 들어오던 복이 달아나기도 하고 없던 복이 생기기도 한다. 커다란 붙박이 거울이 달려 있는 집의 경우라면 거울이 사람의 기운을 빼앗아가므로 화분이나 그림을 이용해서 절반 정도 가려주어야 흉한 기운을 막을 수 있다.

현관은 사랑과 행복의 여신이 기쁜 마음으로 들어오도록 항상 깨끗하게 정리해두도록 한다. 우산이나 운동 기구 등을 아무렇게 내놓거나 신발이 여기저기 나뒹굴고 있다면 행복이 들어오기는커녕 나쁜 기운이 들어올 수 있다.

현관은 어느 방위에 위치해 있어도 흉한 장소는 없으나, 방위에 적합하지 않은 색상이나 아이템을 사용하면 가장의 출세나 인간관계에 악영향을 미칠 수도 있다. 그러므로 작은 소품 하나를 장식하더라도 신중하게 선택하여야 한다.

check

현관은 사랑이 들어오는 입구이므로
언제나 깨끗하게 청소해둔다.

아이템별 풍수 인테리어 어드바이스

신발장 • 신발장은 조금 크다 싶은 정도의 느낌을 주는 것이 길하다. 신발장이 작은 경우에는 계절에 따라 사용하는 신발을 바꿔서 수납하도록 한다.

방위와 상관없이 신발장 위에 싱싱한 꽃을 장식하면 기운이 상승한다. 붉은 꽃은 애정운을, 노란 꽃은 가족운을, 분홍 꽃은 교제운을 좋게 한다. 이때 화병 밑에는 반드시 깔개를 깔아준다.

신발은 밝은 색상을 위쪽으로, 어두운 색상을 아래쪽으로 수납한다. 여름철과 겨울철 신발을 구분해서 수납하는 등 나름의 규칙을 만들어 수납하는 것이 풍수에 적합하다. 신지 않는 신발은 계속 넣어두지 말고 없앤다.

현관 매트 • 현관 매트는 집 안에 처음으로 발을 내딛는 곳에 있는 물건이므로 집안 전체의 분위기와 잘 어울리는 것이 중요하다. 집의 품격이나 나이에 맞지 않게 지나치게 고급스러운 매트는 기의 흐름상 좋지 않을 뿐더러 도둑이 들 염려가 있으므로 피한다.

화려한 무늬가 있는 매트를 사용하면 빈번하게 이사를 가거나 전근이 많아질 수 있으므로 사용하지 않는 것이 좋다.

배우자와 관계를 호전시키고 싶거나 교제하는 사람과의 관계를 원만하게 유지하고 싶으면 매트를 깔지 않는 것이 좋다. 이웃과의 트러블이 염려될 때에도 마찬가지다.

장식품 ● 현관 벽에 실내와 어울리는 풍경화나 풍경 사진을 걸어두면 길하다. 자신이 좋아하는 것을 선택하면 되지만 너무 싼 그림이나 광고 사진, 인물화 등은 피한다. 좋은 인연을 만나고 싶다면 꽃 그림을 걸어두는 것이 좋다.

현관 구조가 복잡한 경우에는 현관 신발장 위에 흰 꽃을 꽂아두거나 전원 풍경의 그림을 걸어두는 것이 좋다. 북향 현관에는 밝은 꽃 그림을 걸어두고 구두를 깨끗하게 손질하여 내놓는 것이 좋고, 남향 현관에는 관엽식물을 두면 교제운이 상승한다.

액자 속 인물화는 현관 풍수 인테리어에 좋은 아이템은 아니지만, 깔끔한 화병에 흰 꽃을 꽂아두는 것은 좋은 기운을 부른다.

현관은 가능한 한 넓고 탁 트인 느낌이 들도록 하며 조명, 화분, 그림, 종이나 풍경 등은 기본적으로 갖추어져 있는 것이 좋다. 운동기구 등이 너절하게 널려 있으면 애정운이 나빠진다. 우산꽂이는 현관이 아닌 곳에 두거나 신발장 내부에 둔다. 또한 특별한 경우가 아니라면 현관에는 시계를 두지 않는 것이 좋다.

조명 • 일반적으로 현관 조명은 조그맣고 어두운 것을 선택하기 쉬운데 현관이 어두우면 연인이나 배우자가 다른 곳에 마음을 줄 수 있다. 천장의 한가운데에 크고 밝은 조명을 달아 현관 전체를 밝게 비추도록 한다. 조명은 가급적 밝기의 단계를 조절할 수 있는 조명으로 골라 집의 전체 분위기에 따라 조금씩 바꾸는 것도 좋다.

거울 • 현관의 거울은 작은 것을 선택하고 항상 깨끗이 닦아둔다. 차가운 느낌보다는 나무 테두리가 있는 따뜻한 느낌의 거울이 좋다.

현관문을 열었을 때 정면으로 보이는 곳에 거울이 있는 것은 좋지 않다. 들어오는 행운을 되돌려 보낼 뿐만 아니라 나쁜 기운을 부를 수도 있으므로 설치하지 않도록 한다.

벽이나 칸막이 등이 정면에 버티고 있으면 운의 흐름을 정지시켜버리므로 주의해야 한다.

현관 왼쪽에 거울을 달아두면 재물운이 상승하는데, 자칫 지나치면 인간성이나 애정의 깊이보다는 무조건 재물과 관계된 것으로 사람을

현관 오른쪽에 거울을 걸어두면 애정운과 교제운이 상승하는 효과가 있다.

평가한다는 말을 듣게 된다. 현관 오른쪽에 거울을 걸어두면 사랑에 관한 감정이 새록새록 솟아나 좋은 애정을 키울 수 있을 뿐만 아니라 전반적인 교제운이 상승한다. 하지만 거울 두 개를 마주보게 걸어두면 두 기운이 서로 충돌하게 되어 좋지 않다.

거울 모양은 팔각형이 가장 좋고 프레임의 색상은 방위에 적합한 것으로 한다. 전신을 볼 수 있는 커다란 거울은 부부가 외도를 할 수 있으므로 좋지 않다. 프레임이 없는 유리로만 된 거울은 흉하므로, 반드시 프레임이 있는 것을 선택하도록 한다.

방위별 풍수 인테리어 어드바이스

north south east west

동향 현관 • 이른 새벽 산등성이 떠오르는 태양처럼 새로움이 시작되는 방위

동남향 현관 • 젊음의 활기가 넘치는 만남과 교제운을 주관하는 방위

남향 현관 • 왕성한 활동력과 뜨거운 사랑의 열정을 상징하는 방위

남서향 현관 • 정갈하게 관리하면 힘든 사랑도 결실을 맺을 수 있는 방위

서향 현관 • 로맨틱한 감정이 무르익는 사랑의 기운이 가장 강한 방위

서북향 현관 • 애정운과 거리가 먼 권력과 위엄을 상징하는 방위

북향 현관 • 인간관계를 지배하고 새로운 시작을 꿈꿀 수 있는 기회의 방위

북동향 현관 • 변화의 기운이 강해 신뢰를 떨어뜨리고 부부운이 저하되기 쉬운 방위

동향 현관

동쪽은 하루 중 새벽에서 아침까지에 해당되며, 시간상으로는 오전 5시에서 6시 사이로 새로움이 시작되는 방위다. 때문에 산등성이로 떠오르는 태양처럼 새로운 시작을 뜻하며, 새롭게 솟아나는 새싹처럼 민감하게 반응할 수 있으므로 아침 햇살을 듬뿍 받아들일 수 있게 주변을 깨끗이 정리해야 한다. 다만 어둠을 뚫고 세상을 깨우는 기운이 강하기 때문에 기의 흐름에 따라 좋고 나쁜 현상이 극명하게 대비된다.

동향 현관의 인테리어가 순조롭게 잘 되어 있다면 하는 일이 원하는 대로 풀린다. 부부 사이는 화목하고, 자녀들도 부모를 실망시키지 않으며 올바르게 성장한다. 그러나 인테리어가 적절하지 않아 기운이 너무 강하게 발산된다면 자신감이 지나쳐 교만하게 되고 그로 인하여 일이 순식간에 꼬이게 된다.

또 인내력이 저하되고 불필요한 집착이 강해져, 편견으로 인한 대인관계의 문제가 발생한다. 이런 흉한 기운을 몰아낼 수 있는 가장 간단한 방법은 현관문에 풍경이나 종을 다는 것이다. 종소리가 나면 나쁜 기가 서성거리지 못하고 행복의 기운이 그만큼 더 쉽게 자리 잡게 된다.

동향 현관은 사회생활을 처음 시작하며 교제 범위를 넓혀야 하는 젊은 커플들에게 길한 방위이다. 그러나 좋고 싫음이 확실해서 한쪽으로 편중된 인간관계를 형성할 수 있다는 점이 단점으로 작용한다. 따라서 매사 여유를 가지고 천천히 생각하는 것이 성공의 비결이다.

point

화려한 꽃병에 붉은색 꽃을 장식하면 애정운이 상승한다

신발장은 천장까지 닿는 큰 것이 좋고 소재는 나뭇결이 보이는 목재 제품이 가장 좋다. 신발을 늘 현관의 중앙에 두면 사람들의 관심을 많이 끌 수 있다.

화려한 꽃병에 붉은색 꽃을 장식하면 동쪽의 기운이 더욱 좋아져 애정운이 상승하고, 신발장 위에 레이스를 깔고 청색 화병에 노란 꽃을 넉넉하게 꽂아두면 교제운이 상승한다.

거울은 현관의 왼쪽에 걸어두어 이 방위에 부족한 재물운이 상승하도록 한다. 디자인은 팔각형이 가장 좋은데 원형도 무난한 편이다. 다만 테두리는 반드시 나무를 사용해야 한다.

현관의 벨이나 인터폰 소리는 가능하면 큰 것이 좋고, 시계는 가급적 두지 않는 것이 좋지만 만약 둔다면 금속 재질의 원형 시계가 규칙적인 삶을 살 수 있도록 도와준다.

현관 매트는 가족운을 높이려면 붉은색이 좋고, 부부운을 좋게 하려면 청색 계열이 좋다. 하지만 삼각형 디자인이나 끝이 뾰족한 모양이라면 애정운을 깨뜨릴 수 있으므로 피하도록 한다. 화려한 꽃무늬도 좋은데 영업직을 가진 사람이 붉은색 계열의 꽃무늬 매트를 사용하면 대인 관계가 좋아지고, 기술직에 종사하는 사람은 푸른색 계열의 꽃무늬 매트를 사용하면 집중력이 늘어나서 좋다. 대체적으로 정열적이며 화려한 무늬를 선택하는 것이 현관을 출입하면서 힘찬 기운을 받아 머지않은 시간에 샐러리맨에서 벗어나 전문직이나 자영업으로 크게 성공할 수 있도록 도와준다.

나무 프레임의 거울을 현관 왼쪽에 걸어 재물운을 보강하도록 한다.

Entrance

동향 현관

Consulting

1 출입문은 목재가 좋은데 스틸 제품이면 내부를 녹색으로 처리한다.

2 풍경이나 방울, 종을 매달아둔다.

3 현관의 벨이나 인터폰 소리는 크게 울리도록 한다.

4 대체적으로 매트는 정열적이며 화려한 꽃무늬를 선택하면 현관을 출입하면서 힘찬 기운을 받아 머지않은 시간에 크게 성공할 수 있다.

5 녹색 계열의 타일로 마감한다.

6 거울의 테두리는 목재가 좋다.

7 각진 액자에 일출 그림을 넣어서 둔다.

8 화려한 화병에 붉은 꽃을 넉넉하게 꽂아놓으면 애정운이 상승한다.

9 신발장은 큰 것이 좋으며 나뭇결이 보이는 제품이 길하다.

동남향 현관

동남쪽은 아침에서 오전까지에 해당되며, 시간상으로는 오전 7시부터 11시 사이로 만남을 상징하는 방위다. 동남쪽 현관은 강력한 기가 실내로 들어올 수 있는 생기택生氣宅에 해당된다. 그 때문에 현관 위치로는 가장 좋은 방위라고 할 수 있다.

젊음의 활기, 긍정적인 이동과 변화의 기운이 강하기 때문에 기의 흐름을 거스르지 않도록 해야 한다. 독신으로 살고 있다면 사람들에게 자신의 존재를 널리 알릴 수 있도록 현관 입구에 녹색이나 오렌지색 리본에 맑은 소리가 나는 종을 달도록 한다.

이 방위는 가정에도 좋은 영향을 많이 미치므로 만사가 순조롭게 풀릴 수 있도록 도와준다. 또 원만한 대인관계의 기운을 가지고 있어, 운이 좋게 작용하면 이웃과의 관계도 좋아지고 주변에서 많은 도움을 받을 수 있다. 특히 전문직 종사자에게 동남향 현관은 더할 나위 없이 좋은 방위다.

그러나 운이 나쁘게 작용할 때는 미혼 자녀들의 혼담에 문제가 생기거나 자식들의 결혼 생활이 불행하여 많은 걱정을 하게 된다. 또 대수롭지 않은 일로 인하여 주위에서 불평을 듣거나 구설수에 오르내릴 수도 있다.

point

동남향 현관에 가장 좋은 상생작용을 하는 것은 꽃과 향기다

동남향 현관의 좋은 기운을 상승시키는 데 가장 좋은 풍수 재료는 아름다운 꽃과 좋은 향기다. 따라서 입구에 향이 좋은 싱싱한 꽃을 둔다. 현관이 너무 좁아 꽃을 놓을 수 없으면 방향제나 포푸리를 둔다. 그러나 향이 너무 강하면 오히려 역효과를 낼 수 있으므로 주의한다. 이밖에 꽃이 그려진 그림이나 포스터를 걸어두는 것도 좋은 방법이다.

문패나 우편함을 달 경우엔 현관 밖에서 보았을 때 오른쪽이 좋다. 개인 주택의 경우 현관 밖에 작은 꽃이나 나무를 심은 화분을 두면 자신의 이미지를 좋게 인식시킬 수 있어 교제운이 놀랍도록 상승한다. 꽃의 색상이나 종류는 어떤 것이라도 무난하다.

신발장의 소재는 나무, 스테인리스, 플라스틱 등 어떤 것이라도 상관없지만 색상만은 밝은 나무색을 선택한다. 키가 작은 신발장을 사용할 때는 세 가지 이상의 꽃과 방향제를 두는데, 화병은 진한 색상만 아니라면 괜찮다. 다만 화병 밑에는 반드시 레이스 깔개를 깔아야 한다.

불필요한 모함이나 구설수에 자주 오르내리면 바닥 타일을 진한 색상으로 선택하거나 매트를 진한 색으로 사용하면 좋은 효과를 볼 수 있다. 현관 내부에 쓰레기통을 두는 것은 가장 흉하므로 절대 금물이다. 그림을 걸 경우 꽃 그림이나 울창한 숲의 그림이 좋다.

거울은 테두리 색상이 산뜻한 것이 좋으며, 평범한 디자인보다 고급스럽고 우아한 디자인을 선택한다. 현관에 깔아두는 매트 색상은 크게 신경 쓰지 않아도 된다. 다만 단조로워 보이는 단색보다는 화려한 무늬가 좋다.

동남향 현관

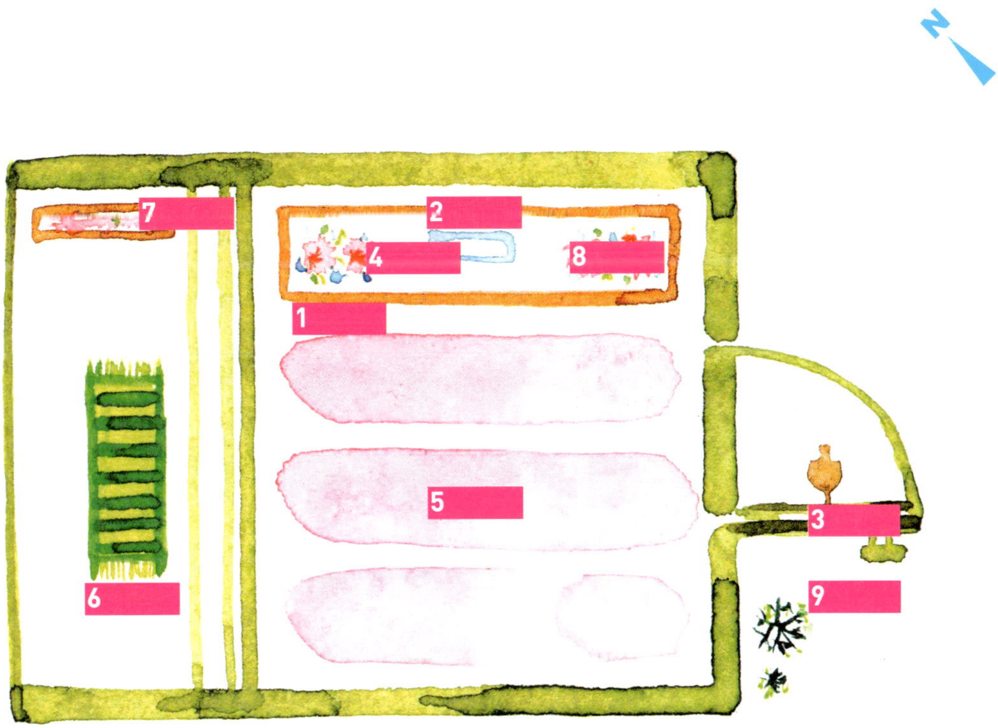

Consulting

1 신발장 소재는 나무, 스테인리스, 플라스틱 등 어떤 것이라도 좋지만 색상은 밝은 나무색이 좋다.

2 현관을 꽃으로 장식할 수 없는 경우, 꽃이 그려진 그림을 장식한다.

3 자신의 존재를 알릴 수 있도록 맑은 소리가 울리는 종을 단다

4 향이 좋은 꽃이나 방향제, 포푸리를 놓아두는 것이 좋다.

5 바닥의 색상은 따뜻한 느낌이 나는 색상을 사용한다.

6 현관 매트는 단색보다는 꽃이 그려진 것이나 화려한 것이 좋다.

7 액자는 꽃이 만발한 풍경화를 거는 것이 좋다.

8 화병 밑에는 반드시 레이스 깔개를 깐다.

9 현관 입구에 정갈한 관엽식물이나 작은 화분을 두면 대인관계가 좋아진다.

남향 현관

남쪽은 하루 중 가장 왕성하게 움직일 시간대인 오전에서 점심에 해당되며, 시간상으로는 오전 11시에서 오후 1시 사이다. 가장 활동력이 많은 방위이기 때문에 뜨겁고 정열적인 사랑이 필요한 젊은 신혼부부들이 사용하면 신혼의 사랑을 만끽할 수 있다. 그러나 차분하며 안정적인 사랑이 필요한 중년부부에게는 방위의 특성상 충돌이 잦아질 수 있으므로 적합하지 않다.

또 변화가 많아서 환자나 허약한 사람들이 있는 경우 강한 기에 눌려 건강이 좋지 않아지기 때문에 피하는 것이 좋다.

남향 현관을 이용하는 사람들은 겉으로 보기에는 가족 간의 단결이 안 되고, 모두들 제각각 따로 행동하는 것처럼 보인다. 하지만 이것은 개성을 중시하기 때문에 상대방의 생활을 존중해주는 태도일 뿐, 막상 중요한 일이 생기면 다른 가족들 못지않게 단결이 잘된다.

남들의 참견을 원하지 않는 예술가 기질이 강한 사람들에게 남쪽 현관은 매우 좋은 방위이다.

point

어항이나 수족관처럼 물이 많은 것은 부부 불화의 원인이 된다

남향 현관의 애정운을 상승시키는 데 가장 효과적인 풍수의 재료는 항상 자신을 돌아볼 수 있는 거울이다. 특히 금속성의 반짝거리는 거울이 잘 어울리는 방위다. 테두리 장식이 스테인리스로 되어 있는 거울을 현관의 오른쪽에 걸어두면 애정운이 수직상승하게 된다. 문패나 우편함은 현관 밖에서 보았을 때 우측에 달고, 그 위에 전등을 설치하는 것이 좋다.

테두리 장식이 스테인리스로 되어 있는 거울을 현관 오른쪽에 걸어두면 애정운이 좋아진다.

신발장은 고광택 제품이 가장 좋다. 금속 장식으로 부분 포인트를 준 디자인도 남쪽 방위에 잘 어울린다. 키 작은 신발장을 사용하는 경우 화려한 장식품을 설치하면 흉한 기운을 좋게 바꿀 수 있다. 특히 신발장 위에 금색이나 은색을 사용한 유리나 금속 소재의 소품을 진열하면 부부운이 좋아진다.

현관에 매트를 깔려면 화려하고 복잡한 디자인보다는 단순한 꽃이 그려져 있거나 깔끔하고 산뜻한 아이보리 색상이 좋다. 실내 슬리퍼는 부드러운 청색 계열의 제품을 선택하도록 한다. 조명은 남쪽의 기운을 적절하게 통제할 수 있는 형광등이나 할로겐램프가 적합하다.

남쪽은 물과는 상극의 방위다. 따라서 현관에 화병을 놓지 않는 것이 길하다. 더욱이 어항이나 수족관처럼 물이 많은 것을 놓아두면 부부 불화의 원인이 된다. 특히 신혼부부들은 사소한 일에도 자주 충돌하여 신혼의 달콤함이 날아갈 수 있으므로 각별히 주의해야 한다. 현관이 삭막하다고 느껴지면 화려한 그림을 걸어 보완하도록 한다.

남향 현관

Consulting

1 현관 입구에는 복잡한 물건들을 두지 않는다.

2 바닥은 스카이 블루나 짙은 청색 계열로 한다.

3 장식품은 화려할수록 좋고 유리나 금속 소재의 소품도 좋다.

4 스테인리스, 유리 등의 액자에 남국 분위기 그림을 장식한다.

5 작은 단색의 꽃으로 남쪽의 기운을 순환시킨다.

6 매트는 깨끗한 아이보리 색상이 좋다. 화려하고 복잡한 문양은 피한다.

7 동쪽 벽에는 여름 바닷가의 풍경이나 정열적인 남국 분위기의 그림이 좋고, 서쪽에는 산의 그림으로 한다.

8 거울 테두리는 스테인리스로 되어 있는 것이 애정운에 좋고 가로로 긴 형태로 한다.

9 슬리퍼는 스카이 블루 같은 부드러운 느낌의 색상이 좋다.

남서향 현관

남서쪽은 하루 중 가장 나른한 시간대인 오후에 해당되며, 시간상으로는 오후 2시에서 4시 사이이다. 대기 중의 공기가 매우 탁하고 왕성하기 때문에 인체에 나쁜 영향을 미쳐 생산성이 떨어지는 방위다. 좋은 일보다는 좋지 않은 일이 더 많이 발생할 수 있고, 생산적인 것보다는 파괴적인 일이 자주 발생한다. 애정운도 그와 마찬가지로 사랑의 결실보다는 이별이 예상되는 방위다.

남서쪽은 귀문鬼門방위로 항상 정갈하게 관리해야 한다는 사실을 잊지 말아야 한다. 만일 현관의 경우 좋은 기를 받으면서 하루를 시작하게 되는 장소인 동시에, 하루 종일 밖에서 받은 나쁜 기운을 털어 내어 집 안에 들여놓지 않아야 하는 길목이기 때문에 그 영향력이 매우 크다고 할 수 있다. 만일 서쪽에 창이 있어 석양빛이 들어온다면 반드시 브라운 컬러의 커튼이나 블라인드로 빛을 차단해주어야 한다.

부조화된 남서향 현관을 출입하는 가정은 부인의 기가 세서 남편을 무시하는 경향이 많다. 그로 인하여 권위가 흔들린 가장의 기운이 매우 불안정하여 중심을 지키지 못하고 방황하게 될 우려가 있다. 따라서 가장의 사회생활이나 직장생활이 원만하지 못하고 부부 관계에도 문제가 있는 가정이 많다.

point

남서향 현관의 인테리어 포인트는 조명의 밝기와 환기이다

현관 입구에 도자기 화병에 노란색 계통의 소박한 꽃을 꽂아두면 길하며, 현관 매트는 황토색 계열이 좋다.

남서향 현관의 전체적인 색상은 흰색이나 아이보리색이 좋다. 바닥은 자주 물청소를 할 수 있도록 타일로 마감하고, 때가 덜 타는 진한 색이 무난하다.

신발장은 고전적인 디자인으로 크고 긴 형태가 좋다. 입구에는 큼직한 도자기를 놓도록 하고 화분을 놓더라도 도자기 제품을 사용한다. 화분에는 관엽식물을 두거나 꽃으로 장식하도록 하고, 꽃은 노란색 계통의 소박한 것이 길하다. 현관 매트는 황토색이나 녹색 계열이 좋다.

그림을 건다면 동양화가 좋지만 서양화를 걸 경우에는 초원을 그린 그림이나 종교와 관련된 그림이 좋다. 조명은 촉수 높은 할로겐램프가 적당하다.

현관을 아름답게 꾸밀 목적으로 지나치게 많은 소품을 진열하는 것은 절대 금물. 될 수 있는 한 심플하고 산뜻하게 꾸미는 것이 좋다. 특히 현관 장식품 중에 술병이나 담배, 라이터 등의 중독성 물질이 있다면 애정의 불꽃을 꺼트리므로 신속하게 치운다.

남서향 현관

Consulting

1 내부의 색상은 흰색 계열이나 아이보리 색상으로 한다.

2 소품은 종교적 상징물이나 토속적인 골동품이 좋다. 하지만 지나치게 많은 소품을 진열하지 않도록 주의한다.

3 신발장의 소재는 나무가 좋고 고전적인 디자인의 크고 긴 모양이 좋다.

4 바닥은 특수 처리된 목재를 깔거나 때가 덜 타는 진한 색상이 좋다.

5 그림을 걸 경우 동양화가 좋고 서양화를 걸 경우에는 초원 그림을 건다.

6 매트는 황토색이나 녹색 계열이 좋다.

7 거울의 테두리는 흰색이나 베이지, 노랑, 아이보리색 등을 선택한다.

8 화분은 도자기 제품을 사용하는 것이 좋다.

9 입구에 큰 도자기 화분에 관엽식물을 두거나 노란색 꽃으로 장식한다.

서향 현관

서쪽은 하루 중 태양이 서산으로 넘어가는 석양 무렵에 해당되며, 시간상으로는 오후 5시에서 7시 사이다. 로맨틱한 감정이 무르익는 분위기 탓으로 사랑의 기운이 가장 강한 방위다. 따라서 무미건조한 부부 생활을 하는 중년 이후의 가정은 신혼 때와 같은 애틋한 사랑을 되찾을 수도 있다.

현관의 인테리어가 적절하다면, 가장은 능력이 있고 부부 간의 애정도 좋다. 또한 물질적 풍요로움이 넘치고 웃음소리가 끊이지 않는 밝은 가정을 이루고 있는 경우가 많다. 그러나 인테리어가 적합하지 않다면 애정 결핍증으로 부인이 불륜에 빠지기 쉬운 방위이다. 만약 부인의 태도가 이상하다면 현관의 방위를 살펴보아야 한다.

가장 적절한 인테리어 포인트는 현관의 공간을 넓게 확보하는 것이다. 현실적으로 현관 확장이 어려운 경우 거울을 이용하여 실내를 넓어 보이도록 하는 방법도 있다.

서향 현관에서는 노란색이 좋은 기운을 가져다준다. 부분적으로 금장 포인트를 주어 화려하고 고급스럽게 꾸미면 더 좋은 행운을 부를 수 있다.

point

흰색 슬리퍼와 매트를 깨끗하게 관리하면 애정 문제로 인한 고민을 물리칠 수 있다

서향 현관의 좋은 기운을 상승시키려면 현관의 공간을 넓게 확보해야 한다. 또 다른 곳에 비하여 조금은 화사하게 꾸미는 것도 행운과 애정운을 상승시키는 포인트다. 현관에 잡동사니가 있다면 즉시 치우고 항상 산뜻하게 관리하도록 한다.

행운의 색으로는 노란색 외에도 베이지색이나 아이보리색이 좋다. 흰색 계열의 색상을 적절하게 사용하는 것도 매우 효과적이다. 신발장에는 실내가 넓어 보이도록 유리문이나 코팅된 거울을 다는 것이 좋다.

슬리퍼와 매트는 흰색 계열이 길하므로 여유 있게 준비하고, 때가 타면 즉시 교환해야 애정 문제로 인한 고민을 물리칠 수 있다.

사랑이란 진실하지 못하면 뿌리를 내리지 못하는 법이다. 때문에 가공된 조화보다는 싱싱하게 숨 쉬고 있는 생화가 좋다. 사랑을 부르는 꽃의 색상은 노란색 계열로 특히 노란 장미를 화병에 꽂아두면 좋다. 다만 목이 긴 화병을 놓아두면 애정운이 중간에 꺾일 수 있으므로 절대 금물이며 대가 긴 꽃도 마찬가지다. 금장으로 처리된 고급스럽고 납작한 화병에 꽃을 낮게 꽂도록 한다.

거울을 놓으려면 테두리가 목재로 된 것보다 금속으로 만들어진 제품을 사용하면 품위 있는 사랑을 할 수 있다. 그림 역시 노란색이나 분홍색 꽃 그림이 좋다.

현관의 공간을 넓게 확보하는 것이 서향 현관의 행운과 애정운을 상승시키는 포인트다.

서향 현관

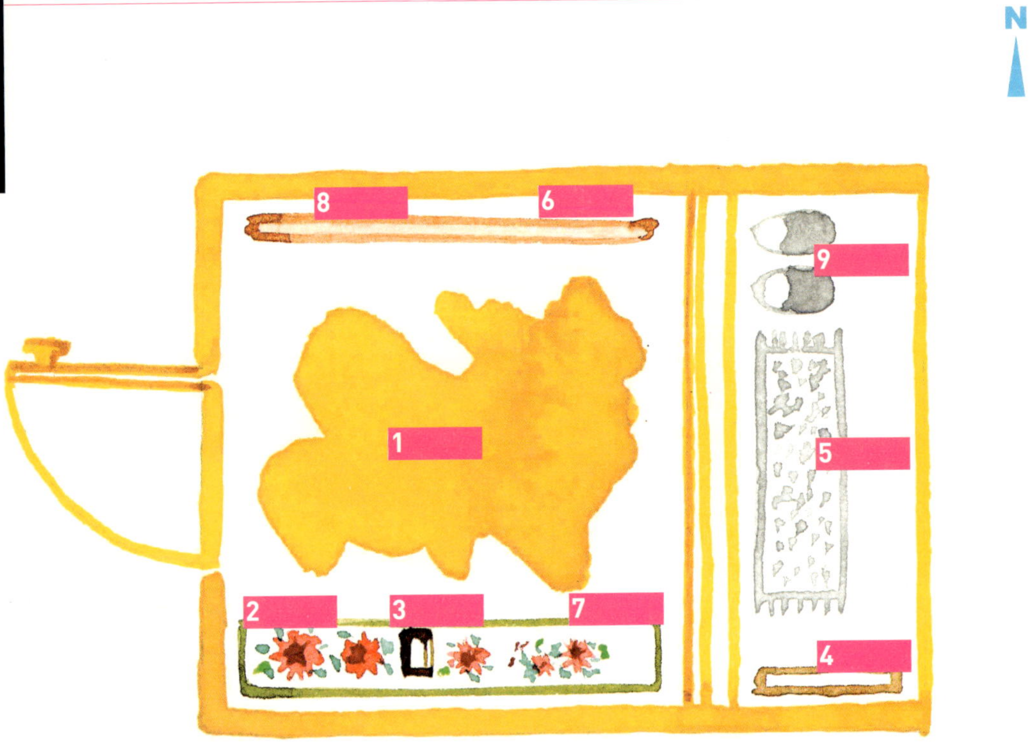

Consulting

1 바닥은 노란색이나 베이지, 아이보리색이 길하다.

2 작고 아담한 노란색 꽃을 여러 개 장식하면 애정운이 좋아진다.

3 장식품의 경우에는 고급스러울수록 좋고 금속 소재의 소품을 진열하는 것도 좋다.

4 그림을 걸 때는 노랑이나 분홍 색감이 느껴지는 가을 풍경화가 길하다.

5 매트는 아이보리, 혹은 옅은 노란색 계열이 좋으므로 여유 있게 준비하여 자주 교환한다.

6 거울은 테두리가 금속으로 처리된 것이 좋다.

7 신발장의 소재는 나무로 하는 것이 좋으며 유리문이나 코팅 처리된 거울을 다는 것도 좋다.

8 현관이 좁으면 큰 거울을 이용하여 실내를 넓게 보이도록 한다.

9 슬리퍼는 흰색이 좋은데 때가 타지 않도록 주의한다.

서북향 현관

서북쪽은 하루 중 늦은 밤에 해당되며, 시간상으로는 저녁 7시에서 11시 사이이다. 하루를 마감하고 피곤한 심신을 편히 쉴 수 있게 하는 전반적으로 차분한 방위다. 따라서 안정된 애정을 원하는 중년부부에게는 적절한 방위지만 불같이 활활 타오르는 사랑이 필요한 신혼부부에게는 적절하지 않은 방위다.

서북향 현관은 적당한 지위와 재력을 가지고 있는 사람에게는 길한 방위이다. 권위와 위엄을 나타내는 방위의 특성상 지위에 맞는 명예를 누릴 수 있기 때문이다. 그러나 그렇지 않은 대다수의 평범한 사람들에게 서북향 현관은 조금 부담스러운 방위다.

중압감이 느껴지는 방위의 성격 때문에 실력에 비하여 능력을 발휘하지 못하는 경우가 많고, 나아가 자신감이 부족하게 되어 매사 움츠러드는 삶을 살 수 있다. 또한 그로 인하여 부부 사이가 건조해질 수도 있다. 심한 경우 여성이 집안의 주도권을 쥐게 되고 남성은 더욱 위축될 수 있는 방위이기도 하다.

그러므로 가장의 자신감을 상승시키고 싶다면 입구에 반드시 가장의 권위를 상징할 수 있는 문패나 장식물을 달기를 권한다. 상징물은 현관 밖에서 보았을 때 오른쪽에 다는 것이 좋다.

point

따뜻한 느낌이 나는 벽지로 현관을 마감하는 것이 애정운을 좋게 하는 비결이다

서북향 현관은 전체적으로 자유분방하게 꾸미는 것이 좋다. 가장이 쉽게 피로를 느끼거나, 정력이 감퇴하는 듯하면 여인의 누드 석고상을 현관의 오른쪽에 놓아두면 부부의 성생활이 즐거워질 수 있다.

신발장은 진한 색상이 적합하다. 신발장 위에는 중세 유럽풍의 장식물을 두는 게 좋으며 스탠드를 둘 경우 흰색의 산뜻한 느낌이 나는 디자인을 선택하면 사랑의 길을 환하게 밝혀줄 것이다.

조명은 서북쪽의 음기를 적절히 통제할 수 있도록 따뜻한 느낌의 백열등을 사용하고 디자인은 부드러운 곡선 모양을 선택한다.

바닥 타일은 녹색 계열이 가장 좋으며 베이지나 진한 브라운 컬러도 무난하다. 현관 인테리어는 페인트로 마감하는 것보다 따뜻한 느낌이 나는 벽지로 마감하는 것이 애정운을 좋게 하는 비결이다. 재질은 고급스럽고 우아한 실크 벽지가 좋으며 너무 요란하지 않은 꽃무늬가 무난하다. 거울은 고전적인 디자인이 좋은데 테두리는 크고 튼튼한 나무로 마감한 것을 고르도록 한다.

현관 매트는 고급스럽고 두툼한 감촉의 아이보리나 녹색 계열의 색상을 사용하는 것이 좋다. 액자를 걸려면 고급스러운 느낌을 살리기 위해 고가의 그림을 거는 것이 좋지만, 그림을 구입하기가 망설여진다면 그림의 내용이 품위가 있어 보이는 것을 택한다.

서북향 현관

Consulting

1 드라이플라워는 절대 금물. 싱싱한 꽃을 장식한다.

2 북쪽이나 서쪽에 나무로 된 고급스런 액자에 단순한 그림을 넣어둔다.

3 신발장은 중후하고 고급스런 느낌의 목재가 적합하다.

4 거울은 클래식한 디자인이 좋으며, 크고 튼튼한 나무 테두리가 길하다.

5 우아하고 고급스러운 느낌이 나는 두툼한 감촉의 아이보리, 녹색 계열의 매트를 깐다.

6 고가의 그림이 좋지만 현실적으로 어렵다면 고급스러워 보이는 그림을 선택한다.

7 바닥은 청색이나 녹색이 좋으며 베이지색이나 진한 갈색 계통도 무난하다.

8 신발장 위에는 중세 유럽풍의 장식물을 두는 게 좋다.

북향 현관

북쪽은 하루 중 한밤중에 해당되며, 시간상으로는 밤 11시에서 새벽 1시 사이이다. 다음 날을 기약하면서 잠을 자는 시각이므로 새로운 시작을 상징하는 방위다. 따라서 결혼이나 사랑에 실패하여 실의의 나날을 보내는 사람들에게는 기회의 방위가 될 수 있지만, 결혼 생활을 하고 있거나 열애 중인 사람들은 애정 관계가 침체에 빠질 수도 있다.

북쪽은 새로운 출발과 신뢰, 인간관계를 지배하는 방위이다. 따라서 북쪽에 위치한 현관의 인테리어가 적절하지 않다면 인간관계에 중대한 문제가 생길 수 있다.

북쪽 방위의 특성은 음기가 가장 강한 곳인데다 햇빛마저 들어오기 어려워 대부분 침침한 분위기를 가지고 있다는 점이다. 때문에 기본적으로 탁하고 흉한 기운이 입구에 서성거리고 있으므로 세심한 주의를 기울이는 인테리어로 흉한 기운을 신속히 제거해야 한다.

현관에서 가장 금기되어야 할 점은 현관 입구에 불필요한 신발을 많이 내놓는 것이다. 현관이 신발이나 우산 등으로 가득 채워져 있거나, 관리를 잘못하여 지저분하면 들어오려던 행운도 현관 입구에서 되돌아간다는 것을 유념해야 한다.

point

거울은 팔각형이나 하트형 혹은 꽃무늬 같은 파격적인 디자인이 애정운을 높여준다

음기를 물리칠 수 있도록 전체적으로 밝고 따뜻하게 꾸며야 하고, 색상은 흰색이나 분홍색, 붉은색 계열이 건전한 애정을 키울 수 있다. 현실적으로 현관의 색상을 바꾸는 것이 여의치 않다면 밝은 색 꽃무늬 소품을 사용하도록 한다.

분홍색 스탠드나 앙증맞은 작은 봄꽃도 행운을 부르는 훌륭한 풍수 재료가 된다. 또 선인장은 풍수 인테리어에서 적절하지 않은 소품이지만 북향 현관 인테리어에 활용하면 잠들어 있는 사랑의 신을 깨울 수 있는 중요한 소품이 된다.

신발장은 단순한 디자인이 좋다. 채광이 좋지 않다면 싱싱한 꽃을 신발장 위에 놓는다. 꽃병은 희고 목이 긴 것으로 한다.

조명은 에너지 절약형의 밝은 조명 기구를 설치하는데 차가운 느낌의 형광등은 절대 금물이다. 현관을 밝게 꾸미면 폭넓은 인간관계를 유지할 수 있고 불필요한 오해를 사는 일도 사라지게 된다.

거울은 단조로운 모양을 피하고 팔각형이나 하트형, 혹은 꽃모양 같은 파격적인 디자인이 애정운을 높여 준다. 현관 매트는 노란색 계열이 가장 좋으며 현관이 어두운 경우에는 화사한 꽃무늬로 선택한다.

액자를 걸려면 밝은 색의 꽃 그림이나 시골 풍경화가 길하다. 음습한 기운을 부채질하는 물과 관계된 그림은 절대 금물이다.

전체적으로 밝고 따뜻한 붉은색 계열로 포인트를 준 현관 인테리어가 북향 현관의 애정운을 좋게 해준다.

북향 현관

Consulting

1 신발장은 목재의 단순한 디자인이 좋다.

2 전체적으로 따뜻한 느낌의 옅은 노랑이나 분홍 계열로 꾸미면 좋다.

3 매트는 노란색 계열이 가장 좋다. 현관이 어두운 경우 화사한 꽃무늬가 무난하다.

4 그림을 걸 경우 밝은 색상의 꽃 그림이나 시골의 전형적인 모습을 담은 풍경화가 좋다.

5 거울의 테두리는 단조로운 모양을 피하고 파격적인 디자인이 좋다.

6 작은 액자에 가족사진을 놓는다.

7 분홍색 스탠드나 선인장도 행운을 부를 수 있다.

8 채광이 좋지 않다면 싱싱한 꽃을 신발장 위에 둔다.

9 그림을 걸 때 물과 관련된 그림은 금물이다.

북동향 현관

북동쪽은 하루 중 새벽을 여는 여명기에 해당되며, 시간상으로는 새벽 1시에서 4시 사이로 혼란스럽고 변화의 기운이 가장 강한 방위다. 북동쪽 역시 귀문鬼門이라 하며 현관으로 사용하기에는 적절하지 않은 방위이다. 때문에 감정을 조절하기 어려워 변덕이 심해지며, 다른 사람들에게 신뢰를 잃기 쉬운 방위다.

또 자신의 마음을 쉽게 열지 않고 탐색하는 마음이 강해지기 때문에 다른 사람들로부터 기회주의자라는 오해를 받을 수 있으며, 전반적으로 인간관계에 적지 않은 문제점이 발생하게 된다. 애정운적으로 보자면 결혼 생활에서 가장 중요한 덕목인 신뢰가 약해지고 의처증, 의부증이 생겨 부부운이 저하되기 쉽다.

직장 생활을 하는 사람들은 처음에는 적극적으로 행동하지만 오래지 않아 싫증을 느끼며 소극적으로 변하게 된다. 직장의 이동이나 전직이 자주 발생할 수 있고 생활이 안정되지 못하여 불안한 마음도 자주 들 것이다. 그러므로 풍수 인테리어로 길하게 바꾸어 오히려 귀신의 도움을 받아 큰 성공을 거둘 수 있는 기회의 방위로 만들어야 한다.

북동향 현관의 풍수 인테리어에서 흉한 기운을 좋은 기운으로 바꾸기 위한 첫 번째 포인트는 청결이다. 따라서 틈나는 대로 자주 청소하는 것이 가장 좋은 방법이다.

point

사각형 화병에 백장미 같은 우아한 흰색 꽃을 꽂으면 길하다

신발장의 소재는 흰색의 고광택 제품을 사용하는 것이 가장 좋으며, 꽃을 놓으려면 화병은 사각형으로 고르도록 한다.

북동향 현관의 관리가 소홀하면 영문도 모른 채 구설수에 휘말리게 되고 사고와 부상이 잦아서 사랑을 키울 마음의 여유를 잃게 되므로 많은 신경을 써야 한다. 전체적으로 흰색을 강조하고 문패나 우편함은 현관 밖에서 보았을 때 왼쪽에 단다. 문패를 달고 싶지 않을 때는 자신을 상징할 수 있는 물건이나 그림을 붙여도 무방하다.

신발장 소재 역시 흰색의 고광택 제품을 사용하는 것이 가장 좋다. 크기가 크면 클수록 애정운이 좋아지고 신발장 안에 흰색 운동화나 흰색 구두를 넣어두면 좋은 효과를 볼 수 있다.

꽃을 놓으려면 화병은 사각형이 가장 좋으며, 백장미 같은 우아한 흰색 꽃을 꽂는다. 거울은 가로로 긴 모양이 좋으며 테두리는 튼튼한 나무에 호박색을 칠한 것이 애정운을 높여준다.

북동쪽은 청결 상태가 매우 중요하므로 현관 매트가 더러워지면 바로바로 교체하도록 한다. 색상은 청색, 붉은색이 좋으며 아이보리색 계열의 꽃무늬도 길하다.

그림을 걸 때는 흰 눈이 소복하게 쌓인 시골 풍경화나 설산의 그림을 장식하면 귀문의 흉한 기운을 물리칠 수 있다. 반드시 눈 그림이 아니더라도 전반적으로 흰색이 강조된 풍경화가 좋다.

북동향 현관

Consulting

1 꽃을 장식하려면 백장미처럼 단아한 흰색의 꽃이 좋다.

2 복잡하지 않은 색상의 종교적 소품을 놓는다.

3 거울은 가로로 긴 모양이 좋으며 테두리는 튼튼한 나무에 호박색을 칠한 것을 설치한다.

4 매트는 때가 타면 즉시 교환한다. 색상은 청색, 붉은색이 좋으며 관리가 어렵다면 매트를 사용하지 않는다.

5 청결함이 무엇보다 중요하다. 틈나는 대로 자주 청소하는 것이 가장 좋다.

6 신발장은 크면 클수록 좋으며 소재는 고광택 제품으로 고른다.

7 화병은 사각형이 좋다.

8 흰 눈이 쌓인 풍경화나 설산의 그림을 장식하는 것이 좋다.

tip 목적별 현관 풍수 인테리어, 이것만은 알아두세요!

인간관계를 좋게 해서 교제운을 높이고 싶으면? ★

교제운을 좋게 하기 위해서는 가능한 긴 물건을 현관에 놓는다. 구두 주걱은 고급품일수록 기운이 상승한다. 현관에서는 아무 냄새도 나지 않는 것이 이상적이다. 하지만 가족은 못 느끼지만 손님에게는 불쾌한 냄새를 풍길 수도 있으므로 탈취제와 방향제 등을 사용하여 악취를 제거한다. 현관을 걸레질할 때 현관문과 평행하게 닦는 것은 좋지 않다. 외부와의 인연을 끊어버려 인간관계가 안 좋아지므로 현관문과 90도 각도가 되게 닦도록 한다.

출세하고 싶으면? ★

현관 입구 타일에 물을 뿌려 깨끗하게 청소한다. 현관 밖에 신발의 흙을 털 수 있는 매트를 깔면 전체 운도 좋아지고 남편의 출세에도 효과가 있다. 매트는 각 방위의 행운색 중에서 더러움이 덜 타는 색상으로 선택한다.

- 남편이 그린 그림이나 직접 만든 장식품 등을 장식한다.
- 문패 등을 사용할 땐 남편이 직접 쓴 것이 가장 좋다.
- 희고 둥근 모양을 많이 사용하면 출세운에 직접적인 영향을 미친다.
- 신발장 위에 스탠드나 소품을 원형으로 장식해놓으면 출세할 수 있다.
- 남편의 신발을 반짝반짝 빛나게 닦아서 현관에 꺼내놓는다.
- 남편이 멀리 출장을 갔어도 현관에 남편의 신발을 항상 꺼내놓는다.

행운을 불러오게 하려면? ★

- 유리컵에 깨끗한 물을 반쯤 채워 신발장 위에 두면 금전운이 상승한다.
- 현관을 매일 쓸고 물청소를 하면 전체 운이 급상승한다.
- 현관 밖을 물청소하면 남편의 귀가 시간이 빨라진다.
- 천장 조명을 밝은 것으로 교환한다.
- 신지 않는 구두라도 깨끗이 닦아 놓으면 효과 만점이다.

And when he speaks to you
believe in him

part 3

사랑을 요리하는 공간

부엌

love lucky

부엌 풍수 인테리어의 포인트

사랑이 식어가고 있어 고민하고 있다면 부엌의 인테리어를 살펴보자. 부엌에서 애정운과 가장 밀접한 관계가 있는 것은 관리 상태다. 좋은 애정 관계를 원한다면 항상 청결을 유지해야 한다.

싱크대 색상을 흰색으로 하면 길하다. 더러움이 쉽게 눈에 띄므로 청소를 자주 하게 되어 몸은 고되지만 사랑의 감정은 상승한다. 특히 부엌이 북동쪽에 위치한 경우에는 싱크대 주변을 항상 깨끗이 닦아야 한다. 다른 방위에 있는 부엌의 전체 분위기 역시 흰색이나 아이보리색처럼 부드러운 색을 사용하는 것이 가장 무난하다. 부엌 천장 역시 단순한 디자인으로 하는 것이 좋다.

가정에서 많이 쓰이는 전자레인지나 토스터처럼 열을 내는 가전제품은 풍수로 볼 때 사람에게 좋지 않은 영향을 주기 때문에 가족이 모이는 식탁 주변에는 두지 않는 것이 좋다.

간혹 높이가 낮은 냉장고 위에 전자레인지를 올려놓는 경우가 있는데, 이는 풍수로 볼 때 아주 나쁜 배치다. 전자레인지의 화기와 냉장고의 냉기가 충돌해 주부가 불필요한 지출을 많이 하게 되고 최악의 경우 파산까지 할 수 있다. 어쩔 수 없는 경우라면 냉장고와 전자레인지 사이에 나무판을 놓거나 근처에 관엽식물을 두어 흉한 작용을 막도록 한다.

유통기한이 지난 음식을 냉장고에 그대로 방치하는 것도 좋은 기운을 막는 요인 중의 하나다. 냉장고 안은 항상 청결하게 관리한다. 식기를 보관하는 찬장문은 태양의 기운이 닿는 동쪽이나 남쪽을 향하도록 배치한다. 문을 열었을 때 불이 켜진다면 더욱 좋다.

식기를 소금, 설탕 등의 조미료와 함께 두거나 과일 등의 식품과 함께 두는 것도 금물이다. 찬장에는 반드시 식기만을 수납하도록 하며, 사용하고 난 식기는 건조대 안에 두지 말고 수시로 제자리에 정리해준다.

check

애정운이 새지 않도록 깨끗이 정리하고 행운색으로 사랑의 기운을 높인다.

아이템별 풍수 인테리어 어드바이스

냉장고 · 전자레인지 • 냉장고는 동쪽에 설치하고 전자레인지는 북쪽에 설치하는 것이 좋다. 만약 두 제품을 같은 방향에 설치한다면 근처에 반드시 관엽식물을 놓아 흉한 작용을 막도록 한다.

냉장고를 정남향에 설치하는 것은 절대 금물이다. 성생활이 문란해질 수 있고 사랑의 감정이 차갑게 식어버릴 수도 있기 때문이다. 그리고 냉장고 위에 다른 물건들을 놓거나 냉장고 문에 메모지 등을 붙이는 것도 역시 금물이다.

냉장고 안을 자주 점검해서 오래된 음식물들은 즉시 버리고 항균 행주 등으로 더러운 곳을 닦아 항상 청결을 유지하도록 한다.

찬장 • 찬장을 설치할 때 식기를 안정감 있는 상태에서 쉬게 한다는 뜻으로 조금은 고급스럽고 튼튼하게 만들어진 것을 선택하도록 한다.

식기는 건조대에 넣어둔 채로 두지 말고 수시로 제자리에 정리하는 것이 길하다. 식기를 조미료, 소금, 설탕 등과 함께 두는 것도 금물이다. 찬장에는 반드시 식기만을 수납하도록 한다.

LOVE Care LUCKY

찬장은 고급스럽고 튼튼하게 만들어진 것이 좋으며, 반드시 식기만을 수납하도록 한다.

식탁 • 식탁을 놓을 때 가장 중요하게 점검해야 할 사항은 가장의 자리다. 가장의 자리와 아이들의 자리가 바뀌면 가장의 권위가 실추되므로 주의해야 한다.

식탁을 놓을 공간의 넓이를 떠나서 식탁을 설치할 때는 벽에서 약간 떼어놓은 상태가 기의 흐름을 원활하게 한다. 부엌이나 식탁 위의 조명은 환하게 하는 것이 좋다.

조리 도구 • 사고의 위험도 있으므로 부엌칼이나 과도 등의 조리 도구는 사용한 뒤에 바로 보관함에 넣어두거나 홀더에 꽂아둔다. 밖에 내놓은 상태로 두면 애정운과 관계된 고민이 끊이지 않게 된다.

수저와 포크 등 금속으로 된 것들 역시 아무렇게나 관리하면 대인관계가 나빠지고 집에 찾아오는 손님이 줄어들 수 있다. 정기적으로 닦아 제자리에 보관한다.

냄비나 프라이팬 등 불에 직접 올리는 조리 도구 역시 밖에 내놓은 채 두지 말고 반드시 싱크대 내부나 자체의 보관함에 정리한다. 사용하기 편하다고 벽에 걸어두는 방법은 피하는 것이 좋다.

가스레인지는 동쪽에 설치하는 것이 좋고, 귀퉁이에 설치하는 것은 좋지 않다. 불의 기운이 막혀 음식이 쉽게 상하고 애정운도 나빠진다. 어쩔 수 없는 경우에는 되도록 창문 근처에 두거나 후드를 설치하여 불의 기운이 머물지 않도록 유의한다.

조명 및 기타 • 식탁 위의 조명기구는 단조로운 것보다는 은은하게 분위기를 돋울 수 있는 고급스러운 제품을 선택하도록 한다. 절전 등의 이유로 부엌을 침침하게 하는 것은 절대 금물이다. 싱크대의 개수대 주변이나 창가에는 노란색의 작은 화분을 두세 개 정도 놓아두는 것이 좋다.

쌀통은 가능하면 부엌의 동쪽이나 동남쪽에 두는 것이 생기를 충분히 받을 수 있고 오래 보관해도 쉽게 변질되지 않는다. 식기세척기 역시 사랑의 기운을 높여주는 동남쪽 방향에 두는 것이 가장 좋다.

부엌에 시계를 걸고 싶다면 높이 걸지 말고 눈높이에 맞추는 것이 좋다. 달력이나 스케줄 관리표 등은 북쪽에 거는 것이 가장 좋다. 남쪽에 거는 것은 절대 금물이므로 마땅한 장소가 없다면 차라리 걸지 않도록 하자.

쌀통은 부엌의 동쪽이나 동남쪽에 두어야 생기를 충분히 받을 수 있고, 내용물도 쉽게 변질되지 않는다.

방위별 풍수 인테리어 어드바이스

north south east west

동향 부엌 • 긍정적이며 활기찬 모습으로 행운과 사랑을 얻을 수 있는 방위

동남향 부엌 • 멋진 이성을 만날 수 있는 가능성이 가장 크고 좋은 인연을 상징하는 방위

남향 부엌 • 직관력이 높아져 건조해진 부부 관계를 능동적이고 탄력 있게 바꿀 수 있는 방위

남서향 부엌 • 뚜렷한 이유 없이 운에 기복이 심하게 나타나는 방위

서향 부엌 • 타락과 좌절의 기운이 강해 부부나 가족 간에 사랑을 기대하기 힘든 방위

서북향 부엌 • 물욕이나 과욕으로 인해 기운이 좋지 않은 방향으로 흘러가기 쉬운 방위

북향 부엌 • 중년부부들에게 신뢰와 사랑이 생겨나는 방위

북동향 부엌 • 변화의 기운이 심해 애정운에도 심한 변동이 나타날 수 있는 방위

동향 부엌

동쪽은 젊고 발전적이며 창의성을 상징하는 방위다. 긍정적이며 활기가 넘치기 때문에 남들의 주목을 받으며 많은 사람들에게 사랑을 받을 수 있는 방위이기도 하다.

그러나 호기심이 지나치게 많아 한 곳에 집중하지 못하는 약점을 가지고 있다. 따라서 이따금 충동적이며 모험적인 사랑에 빠져들 수 있는 요인을 가지고 있는 것이 흠이다. 가끔씩 충동구매에 빠지는 경우도 있으니 주의해야 한다.

진지한 사랑을 추구하려면 방위의 특성을 고려하여 청색과 붉은색 계열을 이용한 인테리어를 해야 한다. 부엌의 싱크대 문은 부담 없고 잔잔한 분위기를 연출할 수 있는 표면이 매끄러운 나무 소재가 좋다. 벽면 타일은 차분한 이미지의 흰색이 좋지만 화사한 색상도 무난하다. 천장은 벽과 동일한 계열의 색상으로 하고, 진한 느낌을 주는 것이 자칫 가벼워질 수 있는 동쪽의 기운을 안정시켜준다.

애정운을 높이기 위해서는 동쪽 창문으로 아침 햇살을 받아들일 수 있도록 하는 것이 좋다. 따라서 창문은 크면 클수록 좋고 창문 옆에는 반드시 관엽식물을 함께 놓아두는 것이 애정운을 높이는 포인트다.

또한 동쪽은 좋은 소리를 지배하는 방위이므로 음악을 들으며 요리를 하거나, 종이나 풍경을 매달아두어 맑은 소리가 울리게 하면 컨디션이 좋아지고 즐거운 마음으로 요리를 할 수 있다. 더불어 액운도 쫓을 수 있어 금상첨화다.

point

구설수에 자주 오르내린다면 항상 배수구를 닫아두도록 한다

싱크대 문은 나뭇결이 살아나도록 코팅 처리된 것이 잘 어울린다. 이때 손잡이 부분이 스테인리스로 처리된 것을 사용하면 애정운을 상승시켜 준다. 만약 구설수에 자주 휘말린다면 배수구를 항상 닫아두는 습관을 들여야 한다.

냉장고 색상은 녹색이나 청색이 좋으며, 싱크대 벽면 타일 역시 청색 계열이 좋다. 커튼이나 블라인드도 청색이 길하다. 부엌의 소품도 들뜨기 쉬운 마음을 가라앉혀 주는 차분한 청색 계열이 좋다.

연장자는 팔걸이가 있는 것으로, 아이들은 팔걸이가 없는 것으로 의자를 맞춘 식탁.

식탁 • 식탁을 동쪽에 놓고 사용하는 가정은 대체적으로 활기차고 진취적이다. 아이들 역시 친구들과의 관계도 좋고 학급 성적도 우수한 편이다. 그러나 식탁의 좌석 배치가 적절하지 못하면 가족 간의 위계질서가 흐트러질 수 있다. 사소한 문제로 다툼이 많아지고 연장자와 손아랫사람의 관계가 불편해질 수 있는 방위다. 시어머니와 며느리가 한 집에 함께 사는 경우 고부 간의 갈등이 심해지기도 한다.

식탁 위치가 동쪽을 향하고 있으면 연장자가 서쪽이나 북쪽에 앉고, 나이가 적은 사람은 동쪽에 앉도록 한다. 의자의 모양새도 신경을 써야 하는데, 연장자가 앉는 의자는 팔걸이가 있는 것으로 하고 젊은 사람들이나 아이들은 팔걸이가 없는 것으로 한다.

식탁의 색상은 베이지색이나 녹색 계열이 좋고, 테이블보는 청색 계열을 사용한다. 식탁 위에 붉은 꽃을 장식하면 가족운이 좋아진다.

동향 부엌

Consulting

1 냉장고 색상은 녹색이나 청색이 좋고 북쪽 방향에 두는 것이 좋다.

2 일체식 시스템 부엌 가구를 설치하려면 식기세척기는 서쪽이나 북쪽에 두고 김치냉장고는 서쪽에 놓는다.

3 싱크대 문은 부담 없고 잔잔한 분위기를 연출하도록 표면이 매끄러운 소재가 좋다.

4 창문은 아침 햇살을 받을 수 있는 동쪽 창문이 좋고 창문 옆에는 반드시 관엽식물을 함께 놓아둔다.

5 벽면 타일은 차분한 이미지의 흰색 타일이 좋지만 부분적으로 화사한 색상으로 포인트를 주는 것도 무난하다.

6 전자레인지와 전기밥솥은 남쪽에 둔다.

7 연장자가 서쪽이나 북쪽에 앉고 나이가 적은 사람은 동쪽에 앉도록 한다.

8 식탁의 색상은 베이지색이나 녹색 계열이 좋다.

9 바닥에 다소 큰 매트를 까는 것이 좋은데 검붉은 색상이 가장 좋다.

10 바닥은 짙은 황토색이나 녹색으로 마감한다.

동남향 부엌

동남쪽이 의미하는 시간대는 부산했던 남편의 출근, 아이들의 등교가 끝난 후의 상태로, 주부에게는 가장 편안하고 행복한 방위다. 그러므로 동남향 부엌은 주부의 좋은 기운이 남편에게 이어져 금전운도 좋아지고, 무엇을 하든 마음먹은 대로 이루어질 가능성이 가장 높은 방위다.

또한 동남쪽은 좋은 인연을 상징하는 방위다. 인테리어가 알맞게 되어 있다면 미혼자들이 사용할 경우 생각하지도 않은 멋진 이성을 만날 수 있는 가능성이 가장 큰 방위이기도 하다.

그러나 청소를 제대로 하지 않아 지저분하다면 좋은 기운이 흉한 기운으로 바뀌어 오래도록 연인을 만날 수 없게 되거나 근거 없는 소문에 시달려 마음고생이 심해진다. 자녀가 있는 경우엔 자녀들의 참을성이 적어지고 자주 짜증을 부리게 되는 방위다.

이럴 때는 부엌의 분위기를 밝게 하는 것이 해결 방법이다. 찌든 때를 벗겨내고 누렇게 변한 페인트를 흰색으로 칠하고 가능하면 벽지도 밝은 색상으로 바꾸는 것이 좋다.

동남향 부엌의 인테리어는 실내 분위기를 밝게 하는 것이 가장 중요하므로, 평소에도 부엌의 벽면 타일에 때가 끼지 않도록 하고, 타일은 아이보리색과 은은한 꽃무늬 타일을 섞어서 사용하는 것이 가장 좋다. 벽지와 천장도 밝은 색상으로 인테리어 하는 것이 애정운을 높이는 방법이다.

point

식기세척기는 동쪽에, 오븐은 남쪽에, 김치냉장고는 서쪽이나 북쪽에 놓는 것이 길하다

싱크대 색상은 옅은 오렌지 계열의 색으로 하고 표면에 광택이 나는 매끄러운 나무 소재가 길하다. 지나치게 어둡거나 중후한 디자인은 피하는 것이 좋다. 테두리를 흰색으로 하면 더욱 길하다.

냉장고 색상 역시 흰색이 가장 좋고, 너무 진한 색상이나 검정색은 좋지 않다. 부엌의 소품은 꽃이나 과일 모양이 인쇄된 디자인을 선택한다. 식기세척기는 동쪽에 두는 것이 좋고, 오븐은 남쪽에, 김치냉장고는 서쪽이나 북쪽에 놓는 것이 좋다.

식탁 • 식탁이 동남쪽에 있다면 가족들의 관계가 좋아질 수 있다. 그러므로 적어도 일주일에 한 번 정도는 온 식구가 모여서 함께 식사할 수 있도록 계획을 세우면 좋다.

동남쪽 식탁의 우선순위는 청결이다. 낡고 오래되었거나 칠이 벗겨졌다면 교체하는 것이 좋고, 여의치 않을 경우 리폼하여 사용하도록 한다. 식탁의 매트는 계절별로 바꾸어주는 것이 행운을 불러들이는 비결이다.

식탁은 화려하게 장식하는 것이 좋은데 분홍색 꽃이 가장 좋다. 특히 식탁 주변에 관엽식물을 한 쌍으로 놓는 것이 애정운을 높이는 포인트다. 쌍으로 놓을 때는 식탁이나 의자 등 다른 물건에 비해 키가 조금 큰 것으로 고르도록 하자.

동남향 부엌

Consulting

1 식탁은 화려하게 장식하는 것이 좋은데 꽃을 장식할 때는 분홍색이 가장 좋다.

2 전자레인지와 전기밥솥은 북쪽이나 동쪽에 둔다.

3 싱크대는 표면에 광택이 나는 나뭇결이 살아 있는 나무 소재가 좋다.

4 부엌에 누렇게 변한 씨는 때를 벗겨내고 가능하면 타일이나 벽지도 밝은 색상으로 바꾸는 것이 좋다.

5 부엌의 분위기를 밝게 하기 위하여 창문은 투명 유리를 사용하는 것이 좋다.

6 소품은 꽃이나 과일 모양이 인쇄된 디자인을 고른다.

7 냉장고 색상은 아이보리가 좋고 검은색은 피한다.

8 일체식 시스템 부엌 가구를 설치할 경우 식기세척기와 세탁기는 동쪽에 두고 김치냉장고는 서쪽이나 북쪽에 놓는다.

9 음식 쓰레기는 나쁜 기운을 불러들이므로 외부에 두고 자주 비우도록 한다.

10 벽지는 옅은 색상에 잔잔한 꽃무늬가 강조된 것이 좋고 천장은 흰색으로 마감하는 것이 좋다.

남향 부엌

남쪽은 채광이 좋고 예지력과 직관력이 높아질 수 있는 방위다. 따라서 획기적인 발상과 왕성한 추진력이 요구되는 벤처 산업 종사자에게 매우 적합한 방위다. 그러나 자신감이 지나치면 투자 실패로 인한 소송에 휘말리는 등의 부작용도 따른다.

남쪽에 부엌을 가지고 있는 사람들은 화려한 것을 좋아하고 활동적인 성격을 가지고 있는 경우가 많다. 물건을 고르는 센스가 탁월해서 손해 보는 구매는 하지 않는다. 그러나 소비성이 강해 알뜰하게 저축을 하기보다는 값비싼 장신구나 옷을 구입하는 데 돈을 써버리는 낭비적 성향을 보일 수 있다.

남향 부엌은 정열적이며 화려한 사랑을 할 수 있다. 그러나 인테리어가 적절하지 않다면 평범하게 한 사람과 교제하는 것으로 만족하지 못하고 동시에 여러 사람을 사귀는 애정 편력의 모습을 보일 수 있다. 따라서 주부가 남쪽 부엌을 사용하면 부부 생활에 큰 위기가 올 수 있다. 이런 기운을 억제하려면 작은 어항을 두거나 애완용 새나 동물을 기르는 것이 좋다.

남향 부엌의 인테리어는 강렬한 햇살을 적절히 차단하는 것이 좋다. 창문에 흰색이나 베이지색 블라인드를 설치하고, 창가에 관엽식물을 두 개 이상 놓으면 마음이 차분해지고 애정운을 높일 수 있어 효과적이다. 만약 창문이 없어서 어둡다면 항상 불을 켜두는 것이 좋다.

point

냄비나 식기 등은 반짝거리는 스테인리스 제품을 사용한다

싱크대 문은 화려한 색이 좋고, 부엌용품은 흰색이나 황금색이 길하다. 냄비나 식기 등은 반짝거리는 스테인리스 제품을 사용한다.

냉장고나 정수기를 설치할 경우에는 정남쪽을 향하지 않도록 해야 한다. 불의 기운과 물의 기운이 충돌하기 때문에 뜻하지 않은 불상사를 당할 수 있다.

남향 부엌은 다른 방위에 비해서 청결함을 유지하는 데 힘써야 한다. 쓰레기통은 특별히 관리하여 항상 깨끗하게 유지하고, 더럽고 낡은 부엌의 환풍기나 전등갓은 자신의 능력을 발휘할 수 없게 하므로 새것으로 교체한다.

창가에는 관엽식물이나 꽃을 두는데, 화병은 스테인리스 소재의 광택 처리된 것이 좋다. 북쪽 벽에는 바다나 호수 그림을 걸도록 한다.

남향 부엌은 방위의 특징에 맞게 청결하면서도 화려한 기운을 붇돋을 수 있는 인테리어를 하도록 한다.

식탁 • 남쪽은 하루 동안 햇빛이 가장 많이 들어오는 방위이다. 거실이 남쪽에 있다면 매우 이상적인 방위가 되지만 식탁이 자리 잡는다면 햇빛을 적당하게 차단해주어야 한다. 따라서 남쪽 식탁의 창문 커튼은 햇빛을 차단할 수 있는 이중 커튼을 사용하여, 지나치게 화려한 남쪽 기운을 막아 쓸데없는 지출이 일어나지 않도록 해야 한다. 또한 북쪽의 창문을 자주 열어서 남쪽의 기운을 억제하도록 하는 것도 좋다.

남쪽 식탁의 행운색은 붉은색 계열. 인테리어를 할 때는 붉은색 소품으로 포인트를 주는 것이 많은 행운을 잡을 수 있는 비결이다.

남향 부엌

Consulting

1 식탁 위에는 붉은색 계열의 소품으로 포인트를 주는 것이 행운을 잡는 비결이다.

2 벽지는 회색이나 청색 계열이 좋다.

3 전자레인지와 전기밥솥은 동쪽에 둔다.

4 싱크대 문의 색상은 화려한 원색이나 파스텔 색상이 좋으며 광택 처리된 제품이 길하다.

5 부엌 벽에 타일을 붙인다면 화려한 무늬로 한다.

6 창문에는 흰색이나 베이지색 블라인드나 단색 커튼을 이중으로 설치한다.

7 정수기를 설치하려면 정남쪽을 향하지 않도록 한다.

8 창가에는 관엽식물이나 꽃을 두는데 화병은 스테인리스 소재가 좋다.

9 냉장고는 서쪽이나 북쪽을 향하도록 하고 색상은 밝고 환한 색상으로 한다.

10 바닥 색상은 녹색이나 베이지색이 무난하다.

남서향 부엌

남서쪽은 귀문 방위에 해당된다. 때문에 대부분의 가정이 뚜렷한 이유 없이 애정 기복이 심한 특성을 보인다. 세심한 주의로 나쁜 기운이 침입하지 못하도록 항상 청결을 유지하고, 적절한 인테리어를 통하여 좋은 기운을 상승시키도록 해야 한다.

부엌이 남서쪽에 위치한 집안의 주부 중에는 요리 솜씨가 뛰어난 사람이 많다. 하지만 남서쪽 부엌을 오래 사용하면 감각이 둔해져 유행에 뒤쳐지는 생활 습관에 젖을 수 있다. 때문에 나이와 상관없이 시대에 뒤떨어지는 사고방식을 갖게 되어 배우자의 사랑을 받기가 어렵다.

남서쪽에서 가장 흉한 물건은 드라이플라워다. 드라이플라워는 풍수로 보면 죽은 에너지를 내뿜고 있어서 생명감 있는 애정과는 상극이라고 할 수 있다. 따라서 버리든가 다른 곳으로 치우는 것이 좋다. 또 부엌의 분위기가 묵직한 편이라면 소품이라도 가벼운 색을 사용하여 밝은 느낌을 주는 것이 길하다.

남서향 부엌의 인테리어 컬러는 따뜻한 분위기의 노란색이나 오렌지색 계열이 좋다. 부엌 바닥은 진한 갈색의 마루 소재가 행운을 부를 수 있다. 벽면 타일은 벽지와 같은 톤으로 하고, 타일 부분에 원형 모양의 포인트를 주면 부부관계가 원만해진다.

point

식탁 주변에 관엽식물을 두는 것만으로도 온 가족이 화목해질 수 있다

싱크대 문은 청색이나 노란색 계열로 하고, 소재는 부드러운 느낌의 목재가 좋다.

냉장고와 전자레인지는 멀리 떨어뜨려 놓는 것이 애정운을 높이는 비결이다. 냉장고는 흰색을 사용하는 것이 좋으며 동쪽이나 북쪽에 놓는다. 전자레인지 위에 관엽식물을 놓으면 재물운이 상승한다. 토스터나 커피포트 등의 소품을 둘 때는 바닥에 노란색 계열의 깔개를 깔아준다.

조명기구는 독특한 디자인이나 각진 것보다는 부드러운 형태의 원형을 사용한다.

식탁 • 남서쪽의 식탁을 사용하면 식사 중에 가족들끼리 말다툼이 많아진다. 때문에 옅은 녹색 계열의 색상으로 안정감을 주는 것이 가족운을 높이는 비결이다. 의자, 소품 등의 색상에 녹색을 많이 사용하고 창문의 커튼 역시 녹색 계열로 한다.

신혼부부는 꽃무늬를 사용하면 부부운이 좋아진다. 또 가족 간에 서로 미워하는 경향이 강하면 식탁 주변에 관엽식물을 놓아두는 것만으로도 가족들이 화목하게 지낼 수 있다.

식탁에 꽃을 꽂아두려면 노란색 계열의 꽃으로 장식하는 것이 좋다. 식탁 위에 과일을 담아두는 것도 애정운을 높이는 방법인데, 유리그릇이나 목기 등 아무것이나 사용하지 말고 고풍스런 도자기에 담아두는 것이 애정운을 높여준다.

남서향 부엌

Consulting

1 냉장고 색상은 흰색이 좋으며 동쪽이나 북쪽을 향하도록 한다.

2 일체식 시스템 부엌가구를 설치할 경우 식기세척기와 세탁기는 동쪽이나 북쪽에 두고 김치냉장고는 서쪽에 놓는다.

3 전자레인지 위에 관엽식물을 놓으면 운이 상승한다.

4 벽면 디일은 벽지와 같은 톤으로 한다.

5 싱크대 문은 가급적 청색 혹은 노란색 계열이 적합하다.

6 벽면 타일에 원형으로 포인트를 주면 부부관계가 원만해진다.

7 소품은 가벼운 질감이 느껴지는 붉은색으로 분위기를 밝게 처리한다.

8 가스레인지는 북쪽에 둔다.

9 천장 조명은 원형이나 부드러운 형태의 디자인을 선택하도록 한다.

10 테이블에 과일을 담아두려면 고풍스런 도자기를 사용하는 것이 좋다.

서향 부엌

서쪽은 지는 해의 기운이 강한 곳. 마지막으로 서쪽 하늘을 붉게 물들이는 석양과 같이, 서쪽 부엌을 이용하는 여성은 뚜렷한 이유도 없이 이따금 회한에 젖게 된다. 가슴 한쪽에는 어디론가 정처 없이 떠나고 싶은 방랑의 기운이 움트게 되고 자연스럽게 외출하는 시간이 많아진다. 그러므로 서향 부엌은 가정주부보다는 커리어 우먼에게 긍정적으로 작용한다. 외향적인 성격 때문에 많은 사람들 사이에서 인기를 독차지할 수 있다. 그러나 밖에서는 생기가 돌다가도 집에 오면 기운이 없어지기도 한다.

부엌은 물과 불을 동시에 사용하는 장소다. 때문에 서쪽은 부엌의 장소로는 가장 나쁜 방위다. 서쪽은 타락과 좌절의 기운이 강하여 좋지 않은 기운을 제대로 다스리지 못하면 부부 혹은 가족 간의 사랑을 기대하기 힘들다. 따라서 서쪽의 기운과 물과 불이 다투는 흉한 기운을 다스릴 수 있도록 흙과 나무를 이용하는 인테리어가 꼭 필요하다.

서향 부엌은 인테리어를 고급스럽게 꾸며야 애정운을 높일 수 있다. 만약 이혼을 준비 중이거나 부부 혹은 연인과 애정 관계가 나쁠 때는 싱크대 주변에 도자기를 놓고 꽃을 꽂아두면 애정운이 상승하여 좋은 결과를 얻을 수 있다.

또 기름때에 절어 있는 지저분한 부엌 바닥이나 음식 쓰레기의 악취 등도 애정운을 깎아내린다. 특히 냉장고는 직사광선이 닿지 않는 곳에 놓아야 한다.

point

식탁은 남쪽에 놓는 것이 좋고, 커피잔은 고급스러운 백자나 청자류로 준비한다

싱크대 문은 고급스러우면서도 안정된 색상이 길하다. 싱크대 상판은 인조 대리석이 가장 좋고 디자인은 화려하면서도 품위 있는 것을 선택한다.

냉장고는 용량이 적은 것이 좋고, 용량이 크더라도 내용물을 가득 채우지 않도록 주의해야 한다. 석양의 기운 때문에 음식이 쉽게 상할 수 있고 사랑의 감정도 손상될 수 있기 때문이다.

소품은 분홍색이나 노란색이 좋으며, 식기는 흙으로 만든 도자기를 사용하는 것이 길하다. 벽에 그림을 장식하려면 폭포 그림이 가장 좋고, 바다나 하늘을 소재로 한 것도 무난하다.

서향 부엌은 흙과 나무를 이용하여 고급스러우면서도 안정되게 꾸며주는 것이 좋다.

식탁 • 식탁이 서쪽에 있으면 이상하게도 식사량이 많아져서 비만해질 가능성이 크다. 따라서 식사량 조절에 각별히 신경을 써야 한다. 식탁 위에 유리를 놓았다면 천으로 패브릭을 하는 것이 흉한 기운을 물리치는 비결이다. 그리고 식탁 위에는 토스터 등 전자제품을 놓지 않도록 한다.

좌석을 배치할 때는 남쪽에 자녀가 앉고 서쪽이나 북쪽에 부모가 앉는다. 테이블 매트를 깔 때 동그란 무늬는 흉하므로 사각형이나 삼각형의 무늬가 들어간 것을 사용하는 것이 길하다.

식탁과 의자 소재는 나무가 좋으며 식탁 위에 유리를 덮는 것은 좋지 않다. 유리를 놓을 경우에는 반드시 천을 씌우도록 한다. 테이블 위에는 열대 과일을 놓고 노란 꽃을 장식하는 것이 길하다.

서향 부엌

Consulting

1 냉장고는 녹색으로 하고 내용물을 가득 채우지 않는다.

2 소품은 분홍이나 노란색이 좋으며 식기는 흙으로 만든 도자기를 사용한다.

3 싱크대 디자인은 화려하면서도 품위 있는 것이 좋으며, 싱크대 문은 나뭇결이 살아있는 것이 좋다.

4 싱크대 상판은 스테인리스보다 인조 대리석이 좋다.

5 서쪽의 나쁜 기운을 적절하게 컨트롤할 수 있도록 블라인드를 설치한다.

6 벽지는 연한 노란색이 좋고 부분적으로 갈색을 사용하는 것도 괜찮다.

7 전자레인지는 북쪽에 둔다.

8 식탁과 의자 소재는 나무가 좋으며 식탁 위에 유리를 덮는 것은 좋지 않다. 유리를 놓을 경우 반드시 천을 씌우도록 한다.

9 테이블 매트는 사각형이나 삼각형 무늬가 들어간 것을 고른다.

10 조명은 은은한 분홍색 빛이 감돌게 하여 환상적인 분위기를 연출한다.

서북향 부엌

서북향 부엌은 가정의 평화를 원하는 주부에게 좋지 않은 방위다. 서북쪽을 관장하는 힘은 결단과 과욕이다. 그러므로 서북향 부엌을 사용하는 여성은 마치 자신이 집안의 중심인 것처럼 생각하는 경향이 있고, 삶에 굴곡이 많은 중년의 가정주부가 사용하는 경우 불필요한 망상 때문에 부부 관계가 좋지 않은 방향으로 흘러가기 쉽다.

서북향 부엌의 운이 좋게 작용할 때는 주부의 명쾌한 결단력이 돋보이게 된다. 가장에게는 적절한 참모 역할을 할 수 있으며 자녀 교육에도 탁월한 능력을 보이게 된다.

그러나 운이 잘못 작용하면 함께 사는 사람들, 특히 남성과 자녀에게 불필요한 잔소리나 명령을 하기 때문에 가족 간에 심각한 트러블이 발생하게 된다. 이상하게 주변과 자주 다툼이 생긴다면 키가 큰 관엽식물을 놓아둔다. 그러면 교제운이 좋아지고 빠른 시일 안에 좋은 관계를 회복할 수 있을 것이다.

서쪽에 창이 있다면 배우자를 의심하는 증상으로 인하여 부부 싸움이 잦아진다. 이때는 갈색이나 베이지색의 블라인드나 커튼으로 석양빛을 확실하게 차단해주어야 한다. 북쪽 창문이라면 붉은색의 싱싱한 꽃을 화병 가득 소담스럽게 꽂아놓는다.

인테리어는 녹색이나 노란색 계열의 색상이 애정운을 높여준다. 가족운을 높이기 위해서는 동쪽 벽에 가족사진을 걸어놓고 부분 조명을 한다.

서북향 부엌에 키가 큰 관엽식물을 놓아두면 교제운이 좋아진다.

point

싱크대 위에 장식용 램프나 보라색 양초를 밝혀 부부 싸움을 막자

싱크대는 짙은 갈색이나 녹색이 좋다. 부부가 자주 다툰다면 부엌의 중심에서 볼 때 서북쪽 싱크대 위에 장식용 램프나 진한 보라색 양초를 두고 불을 밝혀두면 좋은 결과를 얻을 수 있다.

냉장고는 서쪽에 놓는 것이 좋고, 색상은 흰색이나 흰색 테두리가 있는 것을 사용하도록 한다. 진한 색상일 경우 코팅제로 부분 포인트를 준다.

쌀통은 동쪽에 두는 것이 좋으며, 부엌에서 사용하는 타월, 실내화 등은 붉은색이나 청색, 보라색 등 화려한 원색의 단색으로 된 것을 선택한다. 여러 가지 색이 혼합된 복잡한 문양은 피하는 것이 좋다.

식탁 • 서북쪽에 놓인 식탁을 사용하면 스트레스, 신경과민, 식욕부진 등의 증세를 보일 수 있어 건강에 심각한 영향을 미치게 된다. 서쪽으로 창이 있다면 반드시 베이지색의 이중 커튼을 달아야 한다.

식탁, 장식장 등은 짙은 갈색의 원목 가구면 좋다. 디자인은 너무 심플하거나 가볍지 않고 중후한 것을 고르도록 한다. 식탁의 모양은 각이 진 직사각형이 좋은데, 식탁 위에는 분홍색이나 오렌지색 계열의 큰 꽃을 놓으면 행운을 부른다.

의자는 앉는 자리에 붉은색 포인트가 있는 것을 선택하도록 한다. 식탁 옆에 풍경화나 가족사진을 걸어두면 가족 간의 화목을 도모할 수 있다.

서북향 부엌

Consulting

1 냉장고는 서쪽이나 남쪽에 놓는 것이 좋고 색상은 흰색이 무난하다.

2 소품은 붉은색이나 청색, 보라색 등 화려한 원색의 단색이 좋으며 여러 가지 색이 혼합된 복잡한 문양은 피한다.

3 싱크대는 짙은 갈색의 원목 가구면 좋다.

4 커튼이나 블라인드 컬러는 갈색이나 베이지 톤이 잘 어울린다.

5 싱크대 상판은 짙은 나무 색상이 좋다.

6 관엽식물은 북서향의 좋은 기운을 상승시키는 효과가 있다. 꽃이 피는 나무도 좋고 꽃을 장식해도 좋다.

7 매트는 녹색이나 베이지, 갈색으로 한다.

8 쌀통은 동쪽에 두는 것이 좋다.

9 식탁은 직사각형이 좋은데, 식탁 위에는 분홍색 계열의 꽃을 놓는다.

10 조명은 형광등보다는 백열등을 사용하여 자연스러운 느낌이 들도록 한다.

북향 부엌

북쪽은 새로운 출발과 신뢰를 상징하는 방위다. 따라서 인테리어가 알맞게 되어 있다면 사랑에 상처를 받은 사람들이 과거를 잊고 새로운 출발을 다짐할 수 있는 기운이 강하게 나타난다.

또 서로를 믿지 못하여 불행한 가정생활을 하는 중년부부에게는 상대를 신뢰할 수 있는 마음이 생겨 행복한 부부 관계를 유지할 수 있다. 다만 서두르지 않고 차곡차곡 벽돌을 쌓듯 차분한 마음을 가져야만 애정운을 높일 수 있다.

가장 간단하고 손쉬운 방법으로는 개수대 앞에 꽃을 놓아두는 것이 있다. 이 정도만으로도 애정운을 충분히 상승시킬 수 있다. 또한 남쪽에 정교한 조화를 장식하거나 작은 꽃 그림을 걸어두면 뜻밖에 사랑이 안개처럼 찾아온다.

북쪽 부엌의 바닥은 난색 계열의 색상으로 마감한다. 벽의 타일은 크림색이나 연한 분홍 등의 컬러로 마무리하는 것이 길하다. 북쪽 창문에는 따뜻한 느낌의 연한 분홍색 블라인드를 설치하면 북쪽의 찬 기운을 막아주므로 길하다.

북쪽 부엌에서 주의해야 할 것은 가전제품이다. 화재의 위험성과 건강의 위험이 도사리고 있기 때문이다. 특히 전자레인지의 위치를 잘 선택해야 하는데, 정북쪽에 전자레인지를 설치하면 강박관념에 따른 노이로제 증세를 보일 수 있다. 또한 불필요한 지출이 우려되는 위치이기도 하다. 마땅히 다른 장소에 놓을 곳이 없다면, 작은 종지에 소금을 넣어서 전자레인지 위에 두면 액운을 물리칠 수 있다.

point

남쪽에 조화나 꽃 그림을 걸어두면 뜻밖에 사랑이 찾아온다

싱크대 문은 흰색의 고광택 제품이 가장 좋다. 나뭇결이 보이는 것은 매우 흉하므로 피해야 한다.

부엌의 소품은 난색 계열이 길하고, 장식장은 부엌 안에 놓는 것보다 외부에 두고 화려하고 고급스러운 그릇들을 진열하는 것이 좋다. 조명은 가능하면 밝은 것이 좋으나 직접조명은 금물이다. 할로겐램프나 형광등보다는 화려한 색상의 반투명 갓을 씌운 백열등을 사용하는 것이 길하다.

부엌에 필수적으로 사용되는 소모품이나 장식품 등은 분홍색이나 오렌지색 계열의 꽃무늬로 통일하면 북쪽의 음습한 기운을 막을 수 있다. 남쪽에 정교하게 만들어진 조화를 장식하거나 귀여운 인형, 작은 꽃 그림을 걸어두면 생각지 않은 행운이 찾아온다.

고급 목재 소재의 식탁과 선반을 이용하여 따뜻한 분위기로 꾸민 부엌. 식탁 위에 화려한 꽃을 장식하면 금상첨화다.

식당 • 북쪽에 위치한 식탁의 인테리어는 차가운 기운을 방어하는 데도 각별히 유의해야 한다. 북쪽의 차고 음습한 기운이 즐거운 식사 분위기를 썰렁하게 만들 수 있기 때문이다. 따라서 가족들의 건강을 위하여 따뜻한 인테리어가 필수적이다.

커튼은 분홍색이나 노란색, 베이지색처럼 난색 계열의 색상을 선택하여 따뜻한 기운을 불러들인다. 무늬가 없는 단색도 좋지만 스트라이프 패턴을 선택하는 것이 더 좋다.

식탁의 소재로는 고급 목재가 길하고, 화려한 꽃을 장식해서 항상 화사한 분위기를 유지하는 것이 필수적이다.

북향 부엌

Consulting

1 식탁에는 화려한 꽃을 장식해서 화사한 분위기를 유지하도록 한다.

2 조명은 할로겐램프나 형광등 같은 직접조명은 금물이다. 화려한 색상이 투과되도록 반투명 갓을 씌운 조명기구를 사용한다.

3 냉장고 색상은 흰색이나 아이보리가 무난하고 용량은 중간 크기로 한다.

4 소품은 분홍색이나 오렌지색 계열의 꽃무늬로 통일하면 북쪽의 음습한 기운을 막을 수 있다.

5 벽의 타일은 크림색이나 연한 분홍 등의 색상으로 마무리하는 것이 길하다.

6 따뜻한 느낌의 블라인드를 설치하면 북쪽의 찬 기운을 막아주므로 길하다.

7 싱크대 상판의 색상 분위기는 아이보리색이나 분홍색으로 한다.

8 매트 역시 따뜻한 색상이 좋으며 질감이 느껴질 수 있는 제품을 선택한다.

9 쌀통은 동쪽이나 남쪽에 둔다.

10 바닥은 난색 계열의 색상으로 마감한다.

북동향 부엌

북동쪽은 귀신들이 출입하는 귀문 방위로 청결 유지가 필수적이다. 또한 변화와 함께 인간관계를 상징하는 방위다. 따라서 애정에 심한 변동이 나타날 수 있는 흉한 방위다. 사랑은 혼자 할 수 없는 것으로, 상대방의 마음에 따라 수시로 변하기 때문에 더욱 그렇다. 그러므로 특히 권태기의 부부들이나 서로 싫증을 느끼고 있는 연인들은 인테리어에 각별한 신경을 쓰는 것이 좋다.

북동향 부엌을 쓰는 주부들은 인테리어가 적절하지 않으면 냉정하고 차분해야 할 상황에서 공연히 덜렁거리는 모습을 보여 많은 실수를 하게 된다. 또 곤혹스런 부탁을 받으면 거절하지 못하고 마지못해 승낙하고 난 후 나중에 후회하게 된다. 그런 일이 반복되면 자신뿐만 아니라 주변 사람들마저 힘들게 할 수 있다.

북동향 부엌에서 가장 주의해야 할 점은 부엌 안에서의 색상의 조화다. 가장 좋은 방법은 차분하고 안정적인 흰색 컬러로 통일하는 것이다. 소품 역시 흰색 컬러로 통일하는 것이 무난하다.

중년부부의 경우 부엌의 중심에서 북동쪽에 움직이는 물체를 두면 사랑의 감정을 새롭게 만들어주기 때문에 활기찬 성생활을 할 수 있다. 또 부엌의 남쪽에 플로어스탠드를 두면 애정운이 좋아지고, 서쪽 벽에 노란색 열매를 두거나 노란색 열매가 열리는 식물 그림을 걸어두면 부부운이 좋아진다.

point

서쪽 벽에도 노란색 열매가 열리는 식물 그림을 두면 부부운이 좋아진다

소품과 그릇 등 부엌 용품을 흰색으로 통일하고 청결을 유지하는 것이 북동쪽의 흉한 기운을 막는 포인트이다.

싱크대 문은 흰색이 가장 좋고, 상판은 흰색이나 아이보리 색상의 마블을 설치하도록 한다.

냉장고는 방위와 관계없이 흰색이 좋다. 그러나 이 방위의 경우 냉장고 위에 전자레인지를 두는 것은 절대 금물이다.

북동쪽은 다른 곳에 비하여 청결이 가장 중요하므로, 환기에 각별히 신경을 쓰고 청소하기에 편리한 제품으로 인테리어를 하는 것이 애정운을 높이는 비결이다. 창문에는 아이보리나 흰색 계열의 블라인드를 설치하도록 한다.

식탁 • 식탁도 청결하게 관리하기 위하여 고광택 처리된 제품을 사용하는 것이 좋다. 색깔은 흰색이 가장 좋으며, 식탁의 소품도 흰색으로 통일하는 것이 좋다. 식탁에 올려놓는 주전자나 물병, 컵, 받침 등도 흰색으로 코팅되어 있는 것을 선택하도록 한다.

전체적인 분위기가 단조롭다고 느껴질 경우에는 식탁 한쪽에 오렌지색 꽃을 사각형 화병에 꽂아 놓으면 전체적인 기운이 상승한다.

식탁 근처에는 TV, 전화, 휴대전화 등은 놓지 않는 것이 좋다. 그러나 주택 구조상 어쩔 수 없이 식탁 가까이 TV와 전화를 설치해야 한다면, 정동쪽에 두도록 한다. 그리고 작은 종지에 소금을 담아 식탁 한쪽에 놓아두면 흉한 기운을 쫓아내는 데 효과를 볼 수 있다.

동북향 부엌

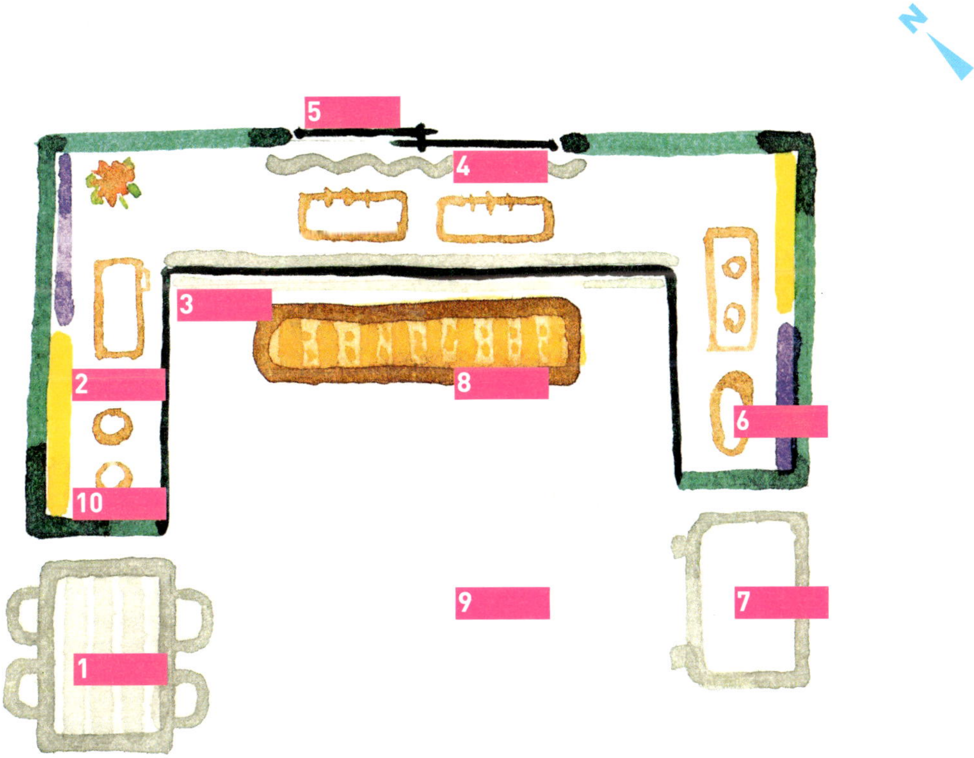

Consulting

1 식탁은 항상 깨끗한 이미지를 유지할 수 있도록 코팅처리된 제품을 사용한다.

2 벽면 타일은 노란색, 보라색으로 배색하는 것이 액운을 물리칠 수 있는 포인트다.

3 싱크대 문은 흰색이 가장 좋고 상판은 흰색이나 아이보리 색상의 마블을 설치한다.

4 아이보리색이나 흰색 계열의 블라인드를 설치한다.

5 상분에 환기구를 설치하거나 자주 열어 환기를 하면, 귀문의 흉한 기운을 물리칠 수 있다.

6 소품 역시 밝고 환한 색상으로 하는 것이 무난하다.

7 냉장고는 방위와 관계없이 흰색이나 아이보리로 한다.

8 매트는 황토색 계열로 하는 것이 좋다.

9 바닥재는 깔끔하게 청소할 수 있는 나무 무늬의 합성수지 제품으로 한다.

10 쌀통은 서쪽에 두는 것이 가장 좋다.

tip

부엌 풍수 인테리어, 이것만은 알아두세요!

부엌의 방위 및 범위 ★

- 부엌의 방위를 찾으려면 약간의 주의가 필요하다. 침실과 거실 등은 집 안의 중심점에서 보았을 때 각 방의 중심점에 따라서 방위가 결정되지만, 부엌은 싱크대의 위치에 따라서 방위가 결정되기 때문이다. 예를 들어서 집의 중심점에서 보았을 때 부엌이 남쪽과 남서쪽에 걸쳐 있다면 싱크대가 위치하고 있는 곳이 부엌의 방위가 된다. 만약 싱크대가 둘 이상의 방위에 걸쳐 있다면 싱크대가 넓은 면적을 차지하는 방위가 바로 부엌의 방위가 된다.

- 주방 기구의 배치 역시 방위의 운기에 있어 매우 중요하다. 집 안 전체 행운의 공간에 싱크대나 가스레인지 혹은 오븐 등을 배치하면 안 된다.

- 원룸이나 좁은 평수의 아파트는 거실과 부엌의 공간이 확실하게 구분되지 않는다. 그럴 경우에는 식탁이나 장식장 등으로 공간을 나누어 그 경계까지를 부엌으로 보면 된다.

- 높이 1미터 이상의 칸막이나 가구 혹은 파티션 등이 있으면 그것이 경계가 되고, 공간을 나누는 물체가 하나도 없는 경우에는 싱크대를 중심으로 1.8미터까지의 작업 공간을 부엌이라고 생각하면 된다.

꼭 지켜야 할 포인트 ★

- 냉장고 위에 전자레인지, 오븐, 토스터 등 불의 기운이 강한 것을 놓지 않는다. 만약 어쩔 수 없는 경우에는 나무판자를 깔고 관엽식물을 곁에 둔다.

- 냉장고 위에 물건을 쌓아두거나 냉장고 문에 메모지 등을 붙이지 않는다.

- 냉장고 안에 유효기간이 지난 음식물은 즉시 버리도록 한다.

- 칼이나 가위 등을 사용한 후 그냥 두면 금전과 관련된 걱정이 끊이지 않는다.

- 더러운 싱크대나 수도꼭지, 기름때가 낀 환풍기는 기운을 저하시킨다.

- 위생적이고 안이 보이지 않는 쓰레기통을 사용하고 음식 쓰레기를 절대 쌓아두지 않는다.

part 4

사랑을 쌓아올리는 공간

침실

love lucky

침실 풍수 인테리어의 포인트

주택이 가지고 있는 기능 가운데 가장 중요한 것은 편안한 휴식을 제공해서 낮에 쌓인 피로를 풀어주는 것이다. 충분한 수면을 취하지 못하면 생산적인 활동을 할 수 없다. 따라서 운의 좋고 나쁨은 침실에 의해 좌우된다고 해도 과언이 아닐 정도로 거주자의 기운에 강한 영향을 미치는 공간이다. 특히 자고 있는 동안에는 대지와 몸이 평행이 되기 때문에 다른 곳과 달리 몸이 더 효율적으로 지세의 기운을 받아들인다.

이처럼 침실은 인체의 기운에 직접적인 영향을 미치므로 집에서 가장 생기가 많이 모이는 곳에 배치하는 것이 중요하다. 최근에는 안방의 독립성을 강조하기 위하여 침실을 가장 구석진 곳에 배치하는 경향이 많은데, 구석진 곳은 생기가 모이지 않기 때문에 침실로는 적합하지 않다.

좋은 기운이 흐르는 침실을 만들기 위해서는 각 방위의 힘을 적절하게 활용해야 한다. 수면을 취하는 동안에 기운을 듬뿍 흡수하도록 침대나 이부자리는 가능하다면 방의 중앙에 배치한다. 또한 연령과 목적에 적합한 방위에 머리를 향하게 하고 자면 원하는 기운을 얻을 수 있다.

원칙적으로 침실에는 전자제품을 두지 않는 것이 좋다. 기의 흐름을 방해하기 때문에 숙면을 취하기 어렵다. 화분이나 식물을 둘 경우 키가 너무 크지 않고 잎이 많은 화분을 두도록 한다. 화분 대신 키 큰 스탠드를 두는 것도 무난하다.

침실 안에 화장실이 있는 경우 머리를 화장실 방향으로 두지 않도록 한다. 화장실의 음습한 기운이 건강에 나쁜 것은 너무나 당연한 일이다. 침실의 벽면은 이것저것 설치하는 것보다 여백을 많이 두는 것이 좋고, 침실 옷걸이에는 외출복을 걸어두지 않도록 주의한다. 무방비 상태인 수면 중에 외부의 흉한 기운이 묻어 있는 외출복이 나쁜 영향을 미치기 때문이다.

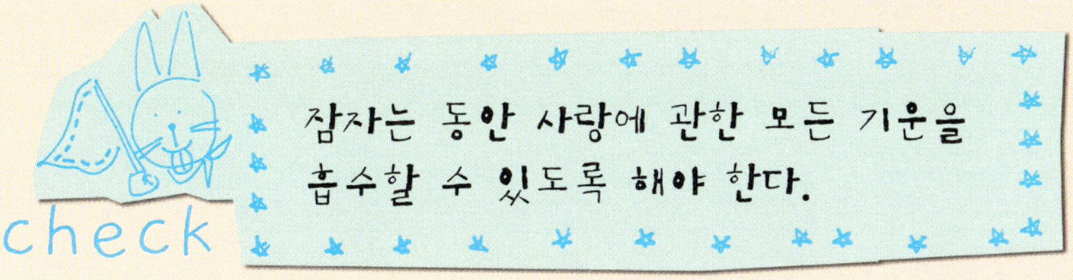

아이템별 풍수 인테리어 어드바이스

침대 • 침대를 새로 구입할 때에는 침대 헤드의 모양을 체크한다. 헤드 보드의 형태는 인생의 꺾은 선 그래프이다. 복잡하게 꺾이고 구불거리는 것은 인생의 변화도 격렬하게 되므로 피하는 것이 좋다.

젊은 사람은 완만한 곡선 형태의 산 모양이 좋다. 중년 이후의 사람들이 사용하려면 일직선으로 된 디자인이 좋다. 코너가 둥글려 있는 일직선으로 디자인된 침대라면 30대 이후에도 계속 사용할 수 있다.

철제 침대는 음의 기운이 강하므로 난색 계열의 패브릭으로 양의 기운을 보충한다. 등나무 침대는 좋은 인연을 만날 수 있기에 혼기를 넘긴 사람이나, 혼기가 꽉 찬 사람에게 매우 적합하다.

침대는 출입문과 대각선 형태를 이루도록 약간 비켜서 설치하는 것이 좋으며, 침대만 있으면 상대방이 없는 상태에서 잠을 자게 되는 경우가 많아지고 애정운도 시들게 되므로 반드시 사이드 테이블과 함께 배치해야 한다. 침대의 위치는 문을 바라볼 수 있도록 설치하고 머리는 창문을 향하도록 하는 것이 좋다. 부득이한 경우 평행을 이루도록 설치하는데 창문이 있는 벽과 약간의 간격을 두도록 한다.

부부 침대의 경우 문에서 보았을 때 침실의 안쪽에 남편이 자고 바깥쪽을 부인이 사용하도록 한다. 침실의 기운은 출입문에서 대각선 방향으로 기운이 흐르므로 생기를 보충하는 의미가 있다. 만약 남편의

침대 헤드를 코너가 둥글려 있는 일직선으로 된 것으로 고르면 30대 이후에도 계속 좋은 기운을 받을 수 있다.

기운이 왕성하고 부인이 힘이 없을 때는 잠깐씩 자리를 바꾸는 것도 무난하다.

커튼 • 커튼은 침대와 함께 침실의 기운을 좌우하는 중요한 아이템이다. 아무리 작은 창이라도 반드시 이중 커튼을 설치한다. 색상은 각 방위의 행운색으로, 창이 두 곳 이상 있는 경우에는 큰 창문이 있는 방위에 맞는 색상을 선택한다.

계절에 맞지 않거나 먼지가 가득한 커튼을 사용하면 좋지 않다. 여름용과 겨울용을 따로 마련하고, 2~3년에 한 번씩은 새것으로 바꾸는 것이 이상적이다.

커튼의 재질은 레이스와 직물로 된 것이 무난하고 가능하면 베이지, 아이보리, 옅은 무늬가 있는 흰색 등 밝고 깨끗한 색상으로 한다.

침대 커버와 커튼은 한쪽이 무늬가 있으면陰 나머지 하나는 무늬가 없는陽 단순한 것으로 만들어서 음양의 조화를 이루도록 한다.

시험을 준비하는 사람들은 세로의 스트라이프 무늬를 사용한다. 결혼을 준비하는 사람은 밝고 화사한 꽃무늬가 좋다. 다만 기하학적 무늬나 사선으로 된 커튼은 피하는 것이 좋다.

침실의 동쪽에 창이 있다면 분홍색 계열의 따뜻한 느낌의 색상이 좋고 남쪽에 창이 있다면 녹색 컬러를 사용한다. 서쪽의 경우라면 베이지색이나 녹색이 좋은데, 반드시 석양의 빛을 차단할 수 있도록 두꺼운 천을 사용한다. 북쪽이라면 붉은색, 분홍색, 오렌지색이 좋다.

침대 커버 · 베개 • 큰 베개를 사용하면 직업운이 상승한다. 색상은 검은색이나 단색은 피하는 것이 좋다.

일반적으로 사람들이 꺼리는 북쪽으로 머리를 향하고 자는 것이 건강에도 좋고 교제운도 상승한다. 동쪽으로 머리를 향하고 잠을 자면 일찍 일어날 수 있어 게으른 사람에게 좋다. 서쪽은 숙면을 취할 수 있으므로 정신노동을 하는 사람들이나 연장자에게 적합하다. 남쪽에 머리를 두면 창조적인 직업을 가진 사람에게 좋은 기운을 제공한다.

베개는 가능한 큰 것을 사용할수록 좋지만, 검은색이나 단색은 피하도록 한다.

LOVE LUCKY

머리를 원하는 방향에 향하게 할 수 없을 때는 베개 커버를 방위에 맞는 행운의 색으로 한다. 동쪽 – 붉은색, 서쪽 – 노란색, 남쪽 – 녹색, 북쪽 – 흰색이 좋다.

좋은 결혼 상대자를 만나고 싶으면 침실 방위에 상관없이 난색 계열의 꽃무늬 커버를 사용한다. 또 부부운을 상승시키고자 한다면 노란색이나 녹색 계열의 커버가 길하다.

방위별 풍수 인테리어 어드바이스

north south east west

동향 침실 • 최선을 다하는 기운이 형성되어 남들에게 사랑을 받는 방위

동남향 침실 • 인연을 맺게 해주는 기운이 강하여 결혼을 앞둔 사람에게 중요한 방위

남향 침실 • 직감력을 바탕으로 교제운을 상승시키는 방위

남서향 침실 • 안정과 관용을 주관하는 힘으로 상대를 이해하고 사랑을 키워가는 방위

서향 침실 • 대화와 이해를 통하여 애정을 키워갈 수 있는 방위

서북향 침실 • 풍수의 기운이 마음의 평화를 부르고 사랑을 일깨우는 방위

북향 침실 • 정열적인 사랑보다는 지성적인 생각이 강하게 작용하는 방위

북동향 침실 • 인간관계를 상징하며 애정에 믿음을 더할 수 있는 방위

동향 침실

동쪽은 계절로 보면 봄에 해당한다. 모든 생물이 소생하는 것과 같이 동쪽은 왕성한 활동력을 상징하는 방위로 풍수에서도 긍정적으로 바라보고 있다.

동쪽을 주관하는 힘은 발전과 젊음, 그리고 개척정신이다. 집 구조가 좋으면 매사에 활달함을 보이게 되고 힘찬 기운을 온전하게 흡수할 수 있다. 그러나 기가 나쁘게 작용할 때는 일의 진행이 부진하고 컨디션도 침체기에 빠져들 수 있다. 또 부주의로 인해 뜻밖의 재해나 화재를 당할 수도 있으며, 우울증으로 의심이 강해져 부부 사이가 멀어지고 연인과도 심각한 위기를 맞을 수 있다.

동향 침실은 젊은 사람들에게 활기를 불어넣어 진취적인 기상을 드높일 수 있다. 독립심과 과감한 추진력으로 젊은 나이에 사업에 성공할 확률이 높다. 그러나 천성적으로 게으른 사람에게는 자신의 기질과 방위가 갖는 기운이 강하게 부딪쳐 적합하지 않을 수 있다.

동향 침실에서 가장 먼저 살펴볼 것은 화장대 거울과 유리 장식물의 위치. 거울이 서쪽에 걸려 있다면 다른 곳으로 옮기도록 한다. 외부에서 들어오는 생기가 거울에 반사되어 밖으로 내쫓기기 때문이다.

애정운을 상승시키는 풍수 재료는 음악과 예술 작품이다. 따라서 느낌이 좋은 그림이나 조각품을 놓아두고, 실내는 항상 음악 소리가 들리게 하거나 음악과 관련된 물건들을 두면 남들이 부러워하는 잉꼬부부가 될 수 있다.

point

화장대는 동북쪽에 두면 좋고, 나무로 만든 밝고 화려한 것이 행운을 부른다

침실에서 가장 중요한 침대는 높이가 낮으며 단순한 디자인이 길하다. 침대의 방향은 젊은 사람에게는 동쪽이, 나이가 든 사람에게는 서쪽이 좋다. 좋은 인연을 만나고 싶다면 남쪽으로 머리를 두고 자면 원하는 결과를 얻을 수 있다. 베개는 가능하면 하나로 된 것을 사용하는 것이 좋다.

창문의 크기는 큰 영향이 없지만 빛을 차단할 수 있도록 이중 커튼을 설치해야 한다. 창문 주변에는 꽃을 장식하는 것이 좋은데, 젊은 사람은 화려한 꽃을 선택하고 나이 든 사람은 푸른색 꽃이 길하다.

화장대는 동북쪽에 두는 것이 좋으며 나무로 만든 밝고 화려한 것이 행운을 부른다. TV나 오디오 등 소리 나는 물건은 동남쪽에 둔다.

젊은 사람이든 노인이든 상관없이 자신의 취향대로 인형, 액자, 장식품 등 작고 귀여운 소품을 여기저기에 장식하는 것이 좋으며, 벽에 거는 액자는 테두리가 나무로 만들어진 것을 사용하도록 한다.

침대 높이를 낮추고 아기자기하게 액자와 소품을 장식하여 동쪽의 기운을 좋게 만들어준 침실 인테리어.

동향 침실

Consulting

1 화장대는 사치스러울 정도로 크고 화려한 것이 좋다.

2 TV나 오디오는 동남쪽에 둔다.

3 바닥은 나무 질감이 나는 제품으로 하고 컬러는 연한 갈색으로 한다.

4 TV나 오디오 주변에는 관엽식물을 둔다.

5 나무 테두리로 된 액자에 일출 그림이나 남자 아이 그림 등을 건다.

6 높이가 낮은 심플한 디자인의 원목 침대가 좋고 헤드는 둥근 산 모양이 좋다.

7 젊은 사람은 개성이 넘치는 꽃, 연장자는 푸른색 꽃을 장식한다.

8 침대 커버의 색상은 자유롭게 선택하고 무늬는 체크가 좋다.

9 자신의 취향대로 간단한 장식물이나 액자 등을 여기저기 둔다.

10 커튼은 화사한 색상으로 하고 반드시 이중 커튼으로 한다.

동남향 침실

동남쪽 방위를 계절로 본다면 꽃들이 만발하는 봄의 중턱에 해당한다. 꽃이 피면 나비와 벌이 모여들 듯이 대인 관계를 상징하는 방위다.

따라서 비즈니스맨이나 무역, 유통에 종사하는 사람들에게는 사업의 활성화를 가져올 수 있다. 또 동남향 침실에서 취침을 하면 날카로운 직관력과 예지력이 발생하므로 법조계, 검찰이나 경찰, 심리 상담가, 작가, 기획자 등이 사용하면 좋은 결과를 얻을 수 있다.

동남쪽을 관장하는 힘은 결혼, 연애, 상담 등이다. 좋은 인연을 맺게 해주는 기운이 강한 만큼 애정운과 밀접한 관계가 있다. 이곳에서 풍수의 비밀을 잘 활용하면 애정 전선에 이상이 있을 때, 혹은 이상적인 연인이 나타났을 때, 내가 원하는 방향으로 사랑의 감정을 전개할 수 있다. 그러나 인테리어가 적절하지 못하여 나쁜 기운이 작용하면 결혼 약속은 어긋나고 만남은 실패로 돌아가는 등 큰 좌절을 겪게 된다. 대인 관계 역시 남들의 방해로 많은 어려움이 따른다.

동남향 침실에서 가장 먼저 살펴보아야 할 것은 방 안에 있는 잡동사니들이다. 필요하지 않지만 미련이 남아 보관하고 있는 낡은 잡동사니는 애정운을 가로막는 장애물이다. 또 버리기 아까워 벽에 걸어둔 액자가 있다면 당장 떼어내는 것이 사랑을 부르는 비결이다. 사람들을 많이 만나는 직장인인 경우 대인 관계가 원만하지 못할 때는, 아침에 일어나서 창을 열어 실내를 환기시키면 가까운 시일 내에 사람들의 오해를 불식시키고 좋은 사람이라는 평가를 받을 수 있게 된다.

point

강력한 애정운을 원하는 사람에게는 스트라이프 디자인이 좋다

침대 소재는 원목이 가장 좋고 침대 헤드 디자인은 요란한 모양은 피하고 심플한 스타일로 한다. 남쪽이나 동쪽에 머리를 두면 가까운 시일 안에 좋은 인연을 만날 수 있게 된다. 새로운 사랑을 찾을 경우 침대 커버는 스트라이프, 혹은 체크 무늬의 강렬한 디자인이 좋은 기운을 부른다.

동남향 침실의 인테리어는 부드럽고 연한 색상의 난색 계열이 좋고 가급적 단색은 피한다. 독신자의 경우 좋은 인연을 만나고 싶으면 커튼과 침대 커버를 꽃무늬로 한다면 소원을 이룰 수 있다.

화장대는 북쪽에 두도록 하고 거울은 컨트리풍의 각진 모양이 길하다. 화장대 위에는 꽃무늬 소품이나 향수를 내놓는다.

TV나 오디오는 남쪽이나 남서쪽에 두고 창문 양 옆에는 관엽식물을 놓는다. 또한 남쪽이나 남서쪽에 꽃이나 꽃무늬의 소품을 놓아두면 애정운이 수직 상승한다. 조명도 되도록 밝고 화려한 제품을 선택하는 것이 애정운을 상승시킨다.

액자를 건다면 싱그러운 꽃 그림이나 소녀 그림, 풍경화로는 봄이나 여름의 화사한 그림이 좋다.

Bedroom

동남향 침실

Consulting

1 액자를 건다면 싱그러운 꽃 그림이나 소녀 그림 등 화사한 그림이 좋다.

2 단색의 커튼은 가급적 피하고, 특히 독신자의 경우 화려한 꽃무늬로 한다.

3 TV, 오디오 등 소리 나는 물건은 남서쪽에 둔다.

4 붉은색 계열의 꽃이 있는 화분이 좋지만 관엽식물도 무난하다.

5 침대의 발치에 잎이 많은 관엽식물을 두면 원기가 상승한다.

6 바닥은 연한 분홍색이나 오렌지색 무늬가 좋다.

7 옷장은 밝은 색상의 원목 소재가 가장 좋고 스테인리스 소재의 디자인 가구도 무난하다.

8 침대 커버는 새로운 사랑을 찾을 경우 스트라이프나 체크 패턴의 강렬한 디자인이 좋다.

9 침대는 원목 소재가 좋다. 젊은 사람은 동쪽에 머리를 두고 연장자는 서쪽에 머리를 둔다.

10 화장대는 북쪽에 두는 것이 가장 좋다. 거울 테두리는 컨트리풍의 각진 모양이 길하다.

남향 침실

일반적으로 남쪽은 침실로는 부적합한 방위이다. 시간상 정오에 해당하기 때문에 밝고 역동적인 기운이 수면을 방해한다. 따라서 충분히 자도 정신이 몽롱할 때가 많다. 침실 본래의 의미와 상충되므로 일반인들이 감당하기에는 벅찬 방위라고 할 수 있다.

그러나 현대 풍수에서는 남쪽의 화려하고 개방적인 면과 창조적인 능력이 21세기의 도전적인 파워와 맞물려지기 때문에 긍정적인 방위라고 본다. 따라서 예술계에 종사하는 사람이나 증권 전문가, 외환 딜러 등 도전 정신이 필요한 사람들에게 더할 나위 없이 좋은 방위다.

남쪽을 주관하는 힘은 명예와 직감력, 그리고 사교성 등이다. 따라서 인테리어가 적절하면 뛰어난 직감력을 바탕으로 자신에게 잘 어울리는 사람을 만날 수 있다. 그러나 인테리어가 적절하지 않다면 전혀 도움이 되지 않는 사람을 만날 가능성이 크다.

도전 정신을 가진 건강한 사람이라면 남쪽에 머리를 두고 TV를 남쪽, 혹은 동쪽에 놓아둔다. 이때 관엽식물은 그런 기운을 더욱 상승시켜주기 때문에 목적한 바를 이룰 수 있다. 다만 나이가 많거나 불면증, 수면 부족에 시달리는 사람이 남쪽이나 동쪽에 머리를 두면 잠을 깊게 못 자므로, 북쪽으로 머리를 두는 것이 좋다.

남향 침실의 보편적인 인테리어 포인트는 한색 계열의 색상과 금속 소재 소품을 적절하게 사용하는 것이다. 남쪽의 화려함과 자유분방함을 억제하기 위해서 관엽식물을 많이 놓거나 작은 꽃을 화병에 꽂아 장식하는 것도 좋다.

point

열정적인 기운이 강한 남쪽에는 양의 기운을 가라앉혀주는 트윈 침대가 길하다

방의 면적이 넓다면 부부 침대는 트윈으로 사용하는 것이 좋고 금속 소재가 원기를 상승시킨다. 한 개의 침대를 사용할 경우 색상은 광택 처리한 흰색이 좋다. 베개는 반드시 두 개를 사용하도록 하고 주변에 한 쌍의 키 큰 스탠드나 관엽식물을 두면 부부 관계를 원만하게 유지할 수 있다.

침대 커버는 청색이나 녹색이 적합하며 흰색이 부분적으로 강조된 것도 무난하다. 커튼은 침대 커버와 같은 색상으로 통일시키고, 블라인드를 설치하려면 흰색이나 베이지색 계열을 선택한다.

화장대는 남서쪽이나 북서쪽에 스틸 제품을 두고, TV와 오디오는 동쪽 또는 남쪽에 둔다. 옷장이나 장식장은 서쪽에 두는 것이 좋다.

남쪽 침실에서 애정운을 상승시키는 풍수 재료로는 어항이나 꽃병이 있다. 특히 물방울이 방울방울 올라오는 어항을 두면 늘 새롭고 신선한 사랑의 기쁨을 경험할 수 있다. 탁자 위에 와인과 와인 잔을 놓아도 자극적인 사랑을 할 수 있다.

마지막으로 금기 사항. 남쪽은 정열적인 방위이므로 평상시 심장병이 있거나 안과 질환이 있는 사람은 고통이 가중될 수 있으므로 다른 곳으로 옮겨야 한다. 또한 밀이 달리는 그림은 절대 금물. 방위와 관계없이 무조건 떼어내도록 한다.

남향 침실은 금속 소재의 침대가 좋으며, 한색 계열의 패브릭이 행운과 애정운을 부른다.

남향 침실

Consulting

1 TV, 오디오는 동쪽 또는 남쪽에 둔다.

2 커튼은 청색 계열이나 녹색으로 하고, 블라인드의 경우는 흰색이나 베이지색으로 빛을 차단한다.

3 가능한 많은 관엽식물로 남쪽 기운을 극대화한다.

4 바닥의 색상은 청색 계열로 한다.

5 흰색의 목재 침대가 좋으며 금속 소재는 원기를 상승시킨다.

6 흰색 스탠드나 꽃이 없는 식물을 둔다. 조화를 2~3개 장식해도 괜찮다.

7 화장대는 스틸이나 스테인리스 소재도 괜찮다.

8 침대 커버는 한색 계열의 옅은 청색이나 녹색으로 한다.

9 사각형이나 각진 디자인보다는 둥근 디자인의 거울을 선택한다.

10 커다란 관엽식물이 화려한 성향을 중화시켜준다.

남서향 침실

남서쪽은 좋은 경험과 올바른 지식을 얻을 수 있는 기운이 강한 방위다. 인테리어가 적절하다면 자신의 경험과 지식, 주변의 조언 등으로 위험하고 가슴 아픈 사랑에 현혹되지 않는다.

남서쪽을 주관하는 힘은 안정과 관용, 그리고 모성애다. 따라서 인테리어가 알맞게 되어 있으면 부드러운 마음으로 상대의 잘못을 너그럽게 이해하여 화목한 사랑을 키워나갈 수 있다. 그러나 그렇지 않다면 불필요한 욕망으로 인하여 유혹에 빠져들어 크게 망신을 당할 수 있고 많은 변화가 예상되므로 세심한 주의가 필요하다.

남편의 갑작스런 바람기나 자녀 문제, 경제 문제 등 여러 가지 이유로 부부 관계가 매끄럽지 못하다면 남서쪽 침실에 그 원인이 있다. 또 권태기에 접어든 부부가 남서쪽 침실을 사용하면 심한 경우 결별까지 갈 수 있으므로, 침실을 다른 곳으로 옮기는 것이 좋다.

남서쪽 방위의 가장 큰 특징은 부인에게 정신적, 육체적 피해가 따른다는 점이다. 산부인과 질환이나 위장병으로 고생할 수 있고, 뚜렷한 이유 없이 지치고 피곤하여 활기를 잃게 된다. 이는 부부의 성생활에도 그대로 이어져 부부 관계가 자칫 무미건조해질 수 있다. 이와 같이 흉한 기운을 좋은 기운으로 바꾸기 위해서는 인테리어 포인트를 동쪽에 둔다. 즉 태양이 떠오르는 활기찬 기운을 살려주는 것이 중요하다.

가장 주의해야 할 것은 중독성 물질이다. 정신적, 육체적 스트레스에 민감하기 때문에 늘 지치고 피곤하여 활기를 잃게 되고, 담배나 술 같은 중독성 물질을 많이 찾게 될 수 있으므로 주의가 필요하다.

point

사랑에 자신이 없으면 보라색이나 노란색 같은 화려한 패브릭이 좋다

높이가 낮은 침대에 검정색 무늬가 있는 침대 커버를 매치한 침실 인테리어. 침대 옆 독특한 스탠드가 포인트이다.

침대를 동쪽으로 향하도록 배치한다. 만약 동쪽이 모서리라면 모서리에 두는 것은 흉하므로 동남쪽에 둔다. 침대는 나무색이나 갈색이 좋고, 침대 헤드는 곡선으로 처리된 목재 제품을 선택한다. 심플하고 높이가 낮은 침대도 길하다.

베개 커버는 붉은색이 좋으며 머리맡에는 반드시 스탠드를 놓아둔다. 젊은 사람이 사용하는 침대 커버는 회색이나 무늬가 있는 검정 계열도 무난하지만 전반적으로 따뜻한 색으로 하는 것이 길하다. 창문이 서쪽에 있으면 베이지색 커튼으로 석양빛을 차단하고, 창가나 침대 옆에 관엽식물을 둔다.

사랑이란 몰두하는 것이다. 그것은 자기 자신까지 잊어버리는 철저한 몰입이 있을 때 가능하다. 때문에 사랑에 자신감이 없다면 패브릭을 보라색으로 하거나 노란색으로 화려하게 꾸미는 것이 좋다. 꽃을 꽂을 때도 보라색 계열이 좋다.

화장대는 고급스런 공예품이 좋으며 장식장이나 옷장은 밝은 색이 길하다. 젊은 사람은 단색 가구를 북쪽에 두는 것이 좋다. TV나 오디오는 두지 않는 것이 가장 좋은데, 설치하고 싶다면 동쪽에 둔다.

벽의 장식물로 꽃 그림을 걸면 마음이 풍요로워진다. 그것이 실크스크린이라면 금상첨화. 다만 만화같이 황당한 그림이나 기이한 그림, 전위적인 그림은 차라리 걸지 않는 것만 못하다.

Bedroom

남서향 침실

Consulting

1 TV는 두지 않는 것이 좋지만 놓을 경우 동쪽에 두고 볼륨을 높이지 않는다.

2 바닥의 소재는 카펫이 좋고 색상은 짙은 흑색이나 녹색으로 한다.

3 화장대는 고급스러운 느낌의 제품으로 고른다.

4 커튼은 빛을 차단할 수 있도록 베이지색이나 녹색 계열의 두터운 질감으로 한다.

5 창가 근처와 침대 옆에는 반드시 관엽식물을 둔다.

6 침대 옆에는 사이드 테이블을 둔다.

7 화장대 옆이나 침대 옆에는 흰색이나 보라색 꽃을 둔다.

8 침대 커버는 젊은 사람의 경우 회색이나 무늬가 있는 검정 계열이 무난하다.

9 옷걸이에 주렁주렁 옷을 거는 것은 흉하므로 그때그때 수납해서 정리한다.

10 높이가 낮은 침대가 좋고 머리는 동쪽에 둔다.

서향 침실

서쪽은 생활이 안정된 중년 이후의 부부에게 가장 좋은 방위다. 그러나 신혼부부나 젊은 부부가 사용하면 배우자 이외의 이성에게 한눈을 팔 수 있는 가능성이 큰 방위다.

서쪽을 주관하는 힘은 대화와 연애, 그리고 결실이다. 인테리어가 알맞게 되어 있으면 많은 대화를 통하여 이해의 폭을 넓히며 애정을 키울 수 있다.

서쪽은 깊이 잠들 수 있는 방위이므로 침실의 기능을 충분하게 충족시켜줄 수 있다. 또 서쪽은 첫 번째보다는 두 번째에 몰두할 수 있는 기운이 강한 방위다. 그런 의미에서 생활이 안정되어 자신을 컨트롤할 수 있고 인생의 새로움을 찾으려는 40대 이후의 부부에게 적합한 방위다.

서향 침실에서는 동쪽이나 남쪽의 활기찬 힘을 받아들이는 것이 좋으므로 인테리어는 화려함에 포인트를 준다. 가장 먼저 살펴볼 것은 쇠로 만든 물건이 있나 없나이다. 특히 철제 침대를 사용한다면 애정운의 상승은 아예 기대하지 말아야 한다. 모든 것을 자신의 생각과 주관대로만 행동하려는 기운이 강해지므로 다툼이 잦아져 사랑을 키워갈 수 없다. 쇠로 만든 제품들은 당장 치우고, 만약 철제 침대를 사용하고 있다면 침대 시트와 베개 커버를 붉은색으로 교환해야 한다.

서쪽은 물이 과다한 방위이므로 머리맡에 물병을 두고 자거나 머리맡에 바다 그림을 걸면 안 된다. 또 서쪽은 소비 심리를 부추길 수 있는 방위이므로 사치스러운 사람이 사용할 때는 각별히 주의해야 한다.

point

커튼은 서쪽의 태양빛을 확실하게 차단할 수 있도록 두꺼운 천을 사용한다

침대는 침실의 중앙에 설치하고 원목 소재의 화려한 디자인을 사용하는 것이 좋다. 나이가 많은 사람들은 북쪽이나 서쪽으로 머리를 두고, 젊은 사람들은 동쪽이나 남쪽에 머리를 두고 잔다.

침대 커버는 꽃무늬가 선명하게 드러나는 밝은 단색이 좋다. 베개 커버는 노란색이나 녹색 컬러로 한다. 많은 재물을 원하는 사람은 머리를 북쪽으로 두는 것이 부자가 될 수 있는 지름길이다. 동쪽에 스탠드를 놓으면 동쪽의 왕성한 기운을 흡수할 수 있는데, 붉은색 갓을 씌우면 더욱 좋다.

커튼은 베이지나 밝고 선명한 컬러의 색상으로 서쪽의 지는 태양빛을 차단하도록 한다. 화장대는 북쪽이나 서쪽에 두고 중후한 느낌의 원목 소재를 택하되 선명한 컬러의 제품을 선택하도록 한다.

서쪽은 서산에 지는 낙조처럼 낭만적인 기운이 강한 곳이기 때문에 사랑에 관한 드라마를 감상할 수 있도록 TV를 두는 것이 좋다. 또 아름다운 음악을 들으며 부부 사랑을 확인하는 것도 애정운을 상승시키는 비결이다. 다만 TV와 오디오는 동쪽에 두고 주변에 반드시 꽃을 놓는 것이 좋은데, 분홍색이나 노란색, 흰색의 꽃을 여러 개의 작은 화병에 나누어 꽂도록 한다. 큰 화병에 무더기로 꽂는 것은 절대 금물이다.

조명은 잠자기 전까지는 다소 환하다는 느낌이 들 정도로 밝게 하고, 취침 전에는 방해되지 않을 정도의 은은한 불빛이 감돌도록 하는 것이 좋다.

서향 침실

Consulting

1 동쪽에 붉은색 갓을 씌운 키 큰 스탠드를 설치한다.

2 침대 커버는 꽃무늬가 선명하게 드러나는 밝은 단색이 좋다.

3 화사한 꽃이나 여름의 풍경화를 나무 프레임에 넣어 장식한다.

4 원목 소재의 화려한 디자인의 침대를 고른다.

5 창의 남쪽에 꽃이 피는 화분이나 관엽식물을 둔다.

6 베이지 계열의 두터운 질감의 커튼으로 석양빛을 차단할 수 있도록 한다.

7 묵직한 느낌이 나는 장식장이나 옷장에 귀중품을 둔다.

8 화장대는 중후한 느낌의 원목 소재로 고르고 북쪽이나 서쪽에 둔다.

9 바닥은 옅은 갈색이나 황토색으로 한다.

10 TV는 동쪽에 두고 주변에 꽃을 장식한다.

서북향 침실

서북쪽은 즐거움과 슬픔의 감정이 극단적으로 나타날 수 있는 방위이기 때문에 세심한 주의가 필요하다. 침실은 부부가 사랑을 나누며 정을 키워가는 장소다. 따라서 풍수의 기운을 잘 활용하면 마음의 평화를 느끼고, 진정한 사랑이 무엇인가를 느끼게 된다.

서북쪽을 주관하는 힘은 승부와 결단, 그리고 주인 의식이다. 특히 집안의 가장에게는 매우 중요한 의미를 상징하는 방위라서 인테리어가 잘 되어 있다면 중년 이후의 남성에게는 성공을 보장할 수 있다. 그러나 기운이 나쁘게 작용할 때는 지나친 승부욕에 따른 스트레스로 혈액 순환이 나빠질 수 있고, 자신감을 잃게 되어 고개 숙인 남자가 될 수 있다. 이렇게 되면 부인은 밖으로 눈을 돌리게 되고, 결국 가정은 파국을 맞이하게 된다.

서북쪽이 이처럼 쾌락과 고통의 양극단 현상을 보이는 것은 서북쪽이 주관하는 신체 부위가 척추이기 때문이다. 이는 부부에게 매우 중요한 상징성을 지니고 있다. 침실은 잠만 자는 곳이 아니라 부부가 사랑을 나누는 장소이기도 하므로, 남편이 자신의 재능과 힘을 제대로 발휘하지 못한다면 동쪽 벽에 활기가 넘치는 일출 그림을 걸도록 하고, 동쪽 또는 남쪽에 중후한 디자인의 금도금한 스탠드를 놓아 활기를 되찾도록 한다.

서쪽에서 가장 주의 깊게 살펴보아야 할 것은 죽은 식물이다. 기념일에 받은 꽃다발로 만든 드라이플라워 같은 소품은 흉한 에너지를 발산하므로 당장 치운다.

point

서쪽에 목가적인 느낌의 풍경화를 걸면 애정운이 상승한다

서북향 침실을 사용하는 싱글들에겐 꽃무늬의 침실 패브릭이 연애운을 높여준다.

침대는 침실의 중앙에 설치하고 온도를 조절할 수 있는 중후한 제품이 좋으며, 머리는 동쪽으로 향하게 한다. 침실 패브릭은 온화하면서도 따뜻한 분위기로 한다. 침대 커버와 커튼은 베이지색이나 녹색 등 부드러운 느낌의 스트라이프 디자인이 좋고, 화려한 색상은 피한다. 소재는 빌로드 등 고급스러운 것이 좋다.

싱글들의 경우에는 침실 패브릭을 화사한 꽃무늬로 하고, 침대는 동남쪽에, 머리는 동쪽에 두면 새로운 사랑을 시작할 수 있다. 창문 옆에 관엽식물을 놓으면 부부의 성생활이 좋아진다.

화장대는 출입문을 열 때 거울이 정면으로 보이면 매우 흉하므로 설치할 때 각별히 주의하도록 한다. 거울은 둥근 모양이 길하고, 의자 역시 둥근 것을 선택한다.

TV는 남쪽에 두고 주변에 옅은 난색 계열의 꽃을 장식한다. 액자는 서쪽에 거는 것이 가장 좋으며 풍요롭고 평화로운 목가적인 느낌의 풍경화가 애정운을 상승시킨다.

가장의 직장운을 좋게 하기 위해서는 남편의 옷장을 서북쪽에 두는 것이 좋다. 마찬가지로 서북 방향으로 간이 책상을 두거나 책장을 두면 직장에서의 위치가 탄탄해진다. 서재가 따로 있더라도 침실의 서북쪽에 간이 서재를 만드는 것이 길하다. 단, 침실 출입문 정면에 화장대를 놓거나 커다란 거울을 놓으면 운이 사라지므로 절대 피해야 한다.

서북향 침실

Consulting

1 침대 옆 동남쪽에 빨간 꽃을 둔다.

2 화장대는 산뜻한 디자인이 좋고 동남쪽에 둔다.

3 창문 옆에 관엽식물을 놓으면 부부의 성생활이 좋아진다.

4 TV는 남쪽에 설치하고 주변에 꽃을 장식한다.

5 바닥은 옅은 녹색 컬러가 좋다.

6 남편 옷장을 서북쪽으로 정리하고 나무의 질감이 느껴지는 제품으로 한다.

7 커튼은 베이지색이나 녹색 계열의 고급 소재를 사용하도록 한다.

8 침대 커버는 베이지색이나 연한 녹색 등 부드러운 느낌으로 하고, 동쪽에 머리를 두는 것이 좋다.

9 서재가 따로 있어도 간이 서재를 만들어 남편의 소지품을 둔다.

10 목가적인 느낌의 풍경화를 나무 프레임에 넣어서 걸면 애정운이 좋아진다.

북향 침실

북쪽은 양의 기운이 소멸되고 음의 기운이 활동하는 방위다. 따라서 정열적인 사랑을 생각하기보다는 지성적인 생각이 강하기 때문에 부부 관계가 냉담해지고 소원해질 수 있다. 특히 사랑의 감정이 식어버린 중년부부나 이별을 준비하는 연인들이라면 풍수 인테리어를 이용하면 상대를 서로 존중하게 되어 품격 높은 사랑을 할 수 있다.

북쪽을 주관하는 힘은 생각과 평가, 그리고 정신력이다. 그러므로 좋은 영향을 받는다면 상대방에 대하여 내가 먼저 베풀고 그에 상응하는 대접을 받으려는 긍정적인 기운이 강해진다. 또한 양의 기운이 소멸되고 음의 기운이 활동하는 방위이며 신뢰와 애정을 지배하는 힘이 강하기 때문에 부부 침실로는 적격이다.

하지만 북쪽의 기운이 나쁘게 작용할 때는 번뇌와 고독 등으로 인한 우울증, 신장병 등으로 고생할 수 있다. 무엇이 옳고 그른지, 무엇이 소중하고 귀한 것인지 판단이 되지 않아 심신이 망가지고 결국 사랑까지 잃게 된다. 이럴 때는 지체 없이 인테리어를 바꾸어야 한다.

방의 중심에서 보아 동쪽 방향에 해당하는 곳에 TV, 오디오 등 소리나는 것을 두고, 남쪽 방향에 밝은 스탠드를 설치하면 나쁜 기를 좋은 기운으로 바꿀 수 있다.

북쪽에서 가장 먼저 살펴보아야 할 것은 물과 관련된 장식물이다. 만약 침실의 분위기를 좋게 하기 위하여 커다란 화병을 두거나 어항을 두었다면 당장 치워야 한다. 그것은 사랑의 불길을 꺼트리는 기운이 강하기 때문에 애정운을 키우는 데 전혀 도움이 되지 않는다.

point

남쪽 방향에 키가 큰 스탠드나 관엽식물을 두면 애정운이 상승한다

침대는 고급스러운 목재 제품으로 하고, 방의 중앙에 설치하는 것이 가장 좋다. 머리는 동쪽이나 남쪽으로 두는 것이 좋은데 머리맡에는 반드시 따뜻한 색상의 스탠드를 놓아야 한다.

침대 커버와 커튼은 오렌지색이나 분홍색 같은 화려한 색상이 사랑의 감정을 키울 수 있다. 조명은 간접조명보다 직접조명을 사용하여 밝은 느낌을 주는 것이 포인트다.

화장대는 서쪽에 두고 거울은 테두리가 있는 반원 형태가 좋다. TV나 오디오는 동쪽에 두고 주변에 난색 계열의 꽃을 놓아둔다. 옷장은 서쪽이나 북쪽에 두는 것이 좋고 나뭇결이 살아 있는 디자인이 길하다.

북쪽 침실의 인테리어는 남쪽 방향에 키가 큰 스탠드를 설치하거나 관엽식물을 놓아두는 것이 중요하다. 침실 바닥은 녹색이나 베이지색 같은 차분한 색으로 하고, 나머지 부분은 난색 계열의 화려한 색상으로 한다.

시계 등 소리가 나는 것은 동쪽에 걸고, 소리가 나지 않는 것은 서쪽에 둔다. 인형이나 기타 장식품을 놓아두려면 복잡하게 늘어놓지 말고 크고 화려한 것 한두 개만 놓도록 한다.

고급스러운 느낌의 침대와 녹색 패브릭은 음침한 북향 침실에 양기를 불어넣어줄 수 있다.

북향 침실

Consulting

1 동쪽이나 남쪽에 싱싱한 관엽식물을 둔다.

2 침대 커버는 오렌지색이나 분홍색 등 화려한 색상도 좋고 녹색으로 생기를 불어넣어도 좋다.

3 바닥 마감은 따뜻하며 차분한 느낌의 베이지색 계열이나 연분홍색으로 한다.

4 침대 위치는 방 중앙에 두고 동쪽이나 남쪽으로 머리를 둔다.

5 화장대는 서쪽에 두고 거울은 테두리가 있는 반원 형태를 고른다.

6 옷장은 서쪽이나 북쪽에 두고 남편 옷은 북쪽, 부인 옷은 남쪽으로 정리한다.

7 목재로 만든 고급스러운 침대가 좋고 트윈도 무난하다.

8 북쪽의 차가운 기운을 따뜻하게 살려주기 위하여 싱싱한 식물이나 꽃을 둔다.

9 TV나 오디오는 동쪽에 둔다.

10 꽃 그림이나 여름 풍경화를 북쪽 벽에 건다.

북동향 침실

북동쪽은 사랑과 인간관계를 상징하며 애정운에 중요한 영향을 끼치는 방위다. 따라서 풍수 인테리어를 알맞게 한다면 상대방에 대한 불신이 사라지고 믿음은 더욱 커지게 된다.

북동쪽을 지배하는 기가 나쁘게 작용할 때는 일의 갑작스런 중지, 탐욕으로 인한 망신살 등을 당할 수 있다. 불륜의 사랑으로 피곤하고 골치 아픈 삶을 살게 될 수도 있다. 하지만 좋은 영향을 받는다면 사랑의 복잡다단함에 지쳐 있는 마음을 추스르고 달콤한 사랑을 새롭게 시작할 수 있다.

북동향 침실에서 가장 두드러진 점은 갑작스러운 변화라고 할 수 있는데, 여기에 채광과 통풍까지 좋지 않다면 심각한 문제가 발생한다. 원하지 않았던 갑작스런 이사나 전근이 잦고 자식들 문제로 정신적 고통에 시달리는 등 고달픈 세상살이가 되기 쉽다. 또 권태기의 부부가 사용한다면 치정 문제가 발생할 수도 있다.

북동향 침실을 에로틱하고 효율적으로 관리할 수 있는 최선의 방법은 심플한 장식과 청결, 그리고 정숙함이다. 가장 먼저 침실의 휴지통을 점검하여 내용물이 쌓이지 않도록 자주 비운다.

북동쪽에서 가장 주의해야 할 것은 차가운 물건이나 짝을 잃어버린 물건이다. 흔히 침대 옆에 사이드 테이블을 하나만 두는 경우가 있는데 북동쪽에는 양쪽에 하나씩 두 개를 놓아두는 것이 애정운을 상승시키는 포인트다. 또 액자나 소품 등도 차가운 느낌을 주는 것은 절대 금물이며 하나보다는 쌍을 이루도록 두는 것이 길하다.

point

사이드 테이블은 양쪽에 두는 것이 애정운을 높여준다

침대는 침실 중앙에 배치한다. 머리는 동쪽에 두는 것이 가장 좋다. 침대 커버는 커튼과 같이 흰색 계열로 통일하여 실내를 간결하게 만들도록 한다. 하지만 너무 단조롭다면 스트라이프 무늬 정도로 변화를 주거나 회색 계열의 소품으로 부분 포인트를 주는 것이 북동쪽의 기운을 살려주는 방법이다.

화장대는 동쪽에 두는 것이 좋고 화장대 주위에는 흰 꽃과 스탠드를 놓는다. 스탠드 갓은 한지로 만든 것이 좋다. TV나 오디오는 없는 것이 낫지만 굳이 둔다면 서쪽에 설치하고 음량을 줄여서 실내를 항상 조용하게 만든다.

옷걸이에 옷이 주렁주렁 걸려 있는 것은 좋지 않으므로 서랍장이나 옷장에 깔끔하게 수납하도록 한다. 위치는 북쪽이나 서쪽에 두도록 하고 자질구레한 가구는 다른 곳으로 옮기는 것이 좋다.

가구나 소품은 최소한으로 하고 하루에 한 번 이상은 반드시 창문을 열어 환기를 한다. 청소할 때는 구석구석 세심하게 정성을 들이도록 하고 특히 바닥을 청결하게 하는 것이 중요하다.

조명이나 조명기구도 색상이 있는 것은 좋지 않고, 부드럽고 정갈한 분위기를 연출할 수 있도록 간접조명을 사용한다. 액자는 두 개가 짝을 이루도록 하며, 태양이나 일출 그림은 동쪽에 걸도록 한다. 소담스러운 가을 풍경화는 서쪽이 좋으며 남국의 이국적 풍경화나 여름 이미지 그림은 남쪽에, 화사한 꽃 그림이라면 북쪽에 걸도록 한다.

북동향 침실

Consulting

1 난해하거나 복잡하지 않은 종교적 상징물도 좋은 소품이다.

2 서재가 없는 경우 침실에 작은 서재를 꾸미는 것도 좋다.

3 침대 커버는 정갈한 느낌을 주는 흰색으로 하고, 시트는 연한 녹색이나 베이지색으로 한다.

4 화려한 꽃이 피는 화분을 동쪽이나 남쪽에 둔다.

5 TV는 정숙한 분위기를 위하여 두지 않는 것이 좋지만 굳이 둔다면 서쪽에 둔다.

6 사이드 테이블에는 부부 사진을 둔다.

7 바닥에 카펫을 까는 경우 요란한 무늬는 좋지 않으므로 옅은 단색으로 한다.

8 액자는 두 개가 짝을 이루도록 한다.

9 화장대는 고급스러운 원목 소재로 동쪽에 둔다.

10 커튼은 침대 커버와 같은 흰색으로 하는데, 단조롭다면 스트라이프 무늬 정도로 변화를 준다.

tip 목적별 침실 풍수 인테리어, 이것만은 알아두세요!

아이를 갖고 싶다면? ★

아이를 갖고자 한다면 석류 열매를 침실에 두는 것이 가장 좋다. 그러나 석류 열매를 구하기 힘들다면 석류 그림이나 오렌지색의 꽃을 장식하는 것도 좋은 방법이다. 연애운을 높이고 귀신을 물리친다는 복숭아 그림으로 실내를 장식하는 것도 효과가 있다.

아이를 쉽게 임신하기 위해서는 침실의 컬러가 중요하다. 북쪽에는 오렌지색이나 분홍색, 남서쪽에는 갈색이나 녹색 계열의 자연 색상, 동북쪽에는 흰색을 사용한다. 또한 침실 인테리어에 따라 남자 아이와 여자 아이를 낳을 수 있는 가능성이 달라진다.

소원한 부부 관계를 다시 가깝게 하고 싶다면? ★

달콤한 부부 생활로 되돌리기 위해서는 신혼 때의 기억을 최대한 되살리도록 침실을 꾸미는 것이 중요하다. 머리를 남쪽으로 향하게 하고 침대 헤드 양 옆에 스탠드를 놓는다. 화장대는 동쪽에 놓아 젊은 기운을 흡수한다. 두 사람이 사이가 좋았던 시절의 사진을 서쪽과 동쪽의 벽에 장식하고 옷장은 북쪽에 둔다. 오렌지색, 분홍색, 녹색의 그림이나 장식품을 남쪽에 장식하면 머지않은 시간에 달콤했던 신혼 시절로 되돌아갈 수 있다.

축복 받지 못하는 가슴 아픈 사랑을 성취하고 싶다면? ★

원목이나 등나무 등 자연 소재의 가구를 보면 남성은 자신도 모르게 새로운 것이 대한 도전 정신이 생겨 애인에게 오는 경향이 있다. 상대를 빼앗기 위해서는 싱그러우면서 자연의 느낌이 나는 인테리어가 효과 만점이다. 도전 정신이 생기는 동쪽에 머리를 두고 사진이나 함께 듣던 음반 등 두 사람만의 물건을 비밀의 방위인 북쪽에 둔다. 행운이 들어오는 길목인 현관을 항상 깨끗이 청소하고 상대방의 소지품을 현관에 내놓으면 오늘밤 그가 찾아올 것이다.

침실에 행운을 불러오는 방법 ★

- 큰 행운을 원할 때 _ 매일 오전 중에 이불과 베개를 햇빛에 말린다. 어려울 경우에는 베개 커버를 날마다 교환하는 것도 괜찮다.

- 연애운을 상승시키기 원할 때 _ 어둡고 통풍이 안 되는 방은 금물이다. 조명을 밝은 것으로 바꾸고 자주 실내를 환기시키도록 한다.

- 남편과 더 가까워지고 싶을 때 _ 남편의 잠옷을 잘 개어서 침대 위에 두면 남편의 귀가 시간이 빨라지고 부부 관계도 원만해진다.

- 잠을 푹 자고 싶을 때 _ 숙면을 못하는 사람은 청색 계열의 도자기나 머그컵을 머리맡에 둔다. 이때 베개 커버도 같은 청색 계열로 바꾸면 더 좋다.

- 대지의 힘찬 기운을 받아들이고 싶을 때 _ 침대 아래에 쌓인 먼지는 어떤 운에도 방해가 되므로 절대 금물이다. 대지의 기운을 받아들이기 위해서는 항상 침대 밑을 깨끗하게 청소해두어야 한다.

- 잠을 자고 났는데도 개운하지 않을 때 _ 여러 가지 이유가 있겠지만 수맥이 흐르기 때문에 기의 흐름이 방해를 받아서 그런 경우가 많다. 이럴 때는 이부자리 밑이나 침대 밑에 동판을 깔아준다.

- 소원을 이루고 싶을 때 _ 소원을 깨끗한 한지에 적어서 베개 밑에 넣어두면 조만간에 기쁜 일이 생길 것이다.

tip 추억이 담긴 선물을 보관하는 인테리어 포인트

사진 앨범 ★ 앨범은 대부분 책장이나 수납장 구석에 보관하기 마련이다. 그러나 소중한 앨범의 경우 손쉽게 접할 수 있도록 집의 중앙에 보관하도록 하고, 자주 들여다보면 애정운이 상승한다.
학력이 좋은 사람은 학창 시절의 앨범을 지혜와 학문을 상징하는 북쪽에 둔다. 외모에 자신이 있는 여성은 젊은 시절의 사진을 남쪽에 두면 과거의 외모와 몸매를 되살릴 수 있다. 애정이 식어가는 중년부부의 경우에는 서로 아끼며 사랑했던 시절의 사진을 동남쪽이나 서쪽에 두면 애정운이 좋아지게 된다.

수집품 ★ 각종 진귀한 물건들을 모으는 것이 취미인 사람은 남들과는 무언가 다른 고집이 있고 집착도 강하며 뜨거운 정열도 있다. 고생하면서 모은 귀한 수집품들을 아무렇게나 두는 것은 행운을 뿌리치는 일이다. 따라서 수납을 할 때에도 정성을 들여야 한다.
수집품만을 따로 모아두는 전용 공간을 확보하는 것이 가장 좋다. 현실적으로 어렵다면 한쪽 벽면에 장식장을 만들어 보관하는 것이 좋다. 서류나 기타 인쇄물은 북쪽, 남쪽, 서북쪽이 좋다. 동전이나 우표 등은 서쪽이나 서북쪽이 좋고, 동식물과 관계된 물건은 동쪽이나 동남쪽이 좋다. 라이터나 성냥, 인형 등은 동남쪽이나 남쪽이 좋으며 음반, CD 등은 동쪽이 가장 길하다.

선물 받은 그림 ★ 여러 가지의 그림 중에서 문제의 소지를 안고 있는 것은 초상화다. 특히 정교하며 사실적으로 그려진 인물화는 풍수에서 그 인물의 염念이 담겨 있는 것으로 해석하기 때문에 본의 아니게 그 인물이 가지고 있던 기운을 불러들이는 결과를 초래할 수 있다. 또 좋은 그림일수록 직사광선이 닿지 않는 어두운 장소에 걸게 되므로 음기가 발동하기 쉽다. 그럴 때는 그림 근처에 반드시 생화를 장식해서 그림에서 나오는 흉한 기운을 막는다.
이상한 형태의 가면이나 종교적 색채가 짙은 것, 기분 나쁘거나 장식하고 싶지 않은 물건은 일정 기간 동안 북쪽에 두었다가 시간이 지난 뒤에 원하는 사람에게 다시 선물하는 것이 좋다.

상품으로 받은 물건 ★ 각종 대회나 콩쿠르에 나가서 받은 트로피나 상장은 자신의 능력이나 재능, 그리고 노력의 산물이다. 그러나 간혹 이런 것들이 창피하다고 생각하여 창고에 넣어두는 경우가 있다. 만약 그렇다면 지금 빨리 꺼내어 깨끗하게 손질하여 집 안에서 가장 좋은 장소에 진열한다. 명예로운 물건을 지식과 경험을 상징하는 방위인 북동쪽이나 남서쪽에 장식하면 좋은 기운이 상승한다.

싫은 사람에게 받은 선물 ★ 원하지 않는 사람에게 선물을 받게 되면 그 처리 방법에 대해 많은 고민을 하게 된다. 특히 관계 개선을 위해서 받은 선물이라면 더욱더 곤혹스러운 법이다. 고가품인 경우에는 갈등이 더 커지게 된다. 가장 무난한 방법은 버리든가 다른 사람에게 줘버리는 것이지만 풍수적으로는 권장할 만한 방법은 아니다. 상대방에 대하여 보이지 않는 빚을 지게 되기 때문이다.
그런 고민을 해결하는 방법은 선물이 나에게 줄 수 있는 행운을 체크하는 것이다. 그 선물을 구입한 장소, 선물의 색상, 소재 등이 나에게 길한 것이라면 좋은 기운을 받을 수 있다. 따라서 선물을 준 사람은 생각하지 말고 선물 자체를 평가하여 순간적인 감정으로 모처럼 찾아온 좋은 기운을 쓰레기통에 버리는 일이 없도록 한다.

입지 않는 옷 ★ 유행이란 일정 기간을 주기로 반복되기 마련이다. 따라서 유행이 지난 옷이라 해도 버리기가 망설여지고 결국 옷장에는 입지 않는 옷들로 가득 차게 된다. 그러나 입지 않는 옷이란 이미 물건으로서의 가치를 상실한 것이다. 때문에 옷장에 거는 것보다는 깨끗하게 손질하여 상자에 넣어 수납하도록 한다.
가장 무난한 방법은 재활용 센터에 보내거나 남에게 주어 옷이 제 기능을 하도록 하는 것이다. 그러나 기분 나쁜 기억이 묻어 있는 옷은 미련을 가지지 말고 신속히 처리한다. 없애버릴 수 없는 옷이라면 집이나 방의 중심에서 멀리 떨어진 곳에 무명천이나 흰색의 천으로 싸서 보관한다.

part 5

사랑과 행운을 나누는 공간들

거실, 욕실 · 화장실

love lucky

거실 풍수 인테리어의 포인트

거실은 집 안에서 가장 중심이 되는 곳이자 많은 평수를 차지하는 공간이다. 불과 물을 사용하는 공간이 아니기 때문에 특별히 길하거나 흉한 방위는 없다. 그러나 가족 모두가 모이는 공간이기 때문에 가족 간의 사랑을 확인하고 행운을 나누는 중요한 공간이다. 따라서 가족들이 서로 사랑하지 않고 대립과 갈등 등의 문제가 있다면 가장 먼저 거실의 인테리어를 점검해야 한다.

가장 중요한 것은 음양의 균형을 맞추는 것이다. 우선 햇빛이 가득 들어오고 통풍이 좋은 곳이면 가장 이상적이다. 하지만 채광이 좋지 않은 곳에 거실이 있다면 양의 기운을 가진 목재 가구나 꽃, 산 그림을 배치하거나 붉은색, 오렌지색 등 난색 계열의 색상을 사용해서 부족한 양의 기운을 보충하는 것이 좋다.

거실의 바닥을 나무 재질로 깔면 자연의 기운을 가져다주므로 좋은 기운을 유지할 수 있다. 인테리어 역시 자연 소재의 가구로 바꾸고 소품도 자연 소재를 적극 활용하도록 한다. 무늬가 화려한 카펫이나 대리석은 역효과를 주므로 반드시 피해야 한다. 또 유리 테이블이나 돌로 된 테이블도 좋지 않다.

거실에서는 관엽식물의 역할이 매우 중요하다. 거실에 살아 있는 식물이 하나도 없으면 삭막하고 쓸쓸한 분위기가 되며 전체적인 기의 흐름도 좋지 않다. 꽃이나 식물이 있더라도 시들었거나 드라이플라워를 장식해두었다면 집 안의 생기를 빼앗아가므로 매우 흉하다. 따라서 메마른 식물이나 죽은 식물은 즉시 버리고, 싱싱하고 생명력 있는 식물로 전체적인 기운을 활기 있게 만들어야 한다.

TV, 오디오, 전화기는 늘 깨끗이 닦아두고 선물 받은 장식품이나 인형을 배치할 때도 아무렇게나 늘어놓지 말고 정리정돈을 잘해야 한다. 특히 낡은 골동품과 사진들, 동물 박제는 가족 간에 대화를 기피하게 만들며 갈등의 원인이 되므로 치우도록 하고, 종교와 관련된 소품은 가장 깨끗한 곳에 두도록 한다.

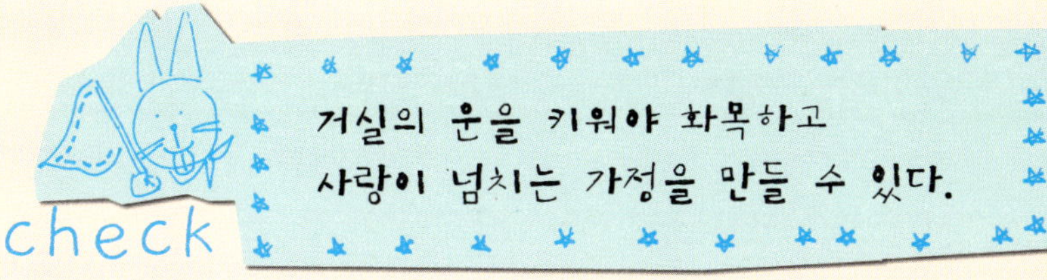

아이템별 풍수 인테리어 어드바이스

소파 · 테이블 • 소파가 거실 규모에 비해서 너무 크거나 지나치게 고급품이면 소파가 주인공이 되고 사람은 들러리가 될 수 있다. 집주인의 기가 소파에 눌려 자신의 능력을 마음대로 발휘할 수 없어 일이 이상하게 꼬이는 경우가 많다.

젊은 사람이 지나치게 중후하고 거창한 소파나 테이블을 사용하면 출세에 지장이 있으므로 주의한다. 젊은 사람들이라면 심플한 디자인의 천 소파를 사용하는 것이 좋다. 소파 옆에 키 큰 스탠드를 두면 가족 간의 불화를 예방하고 가장의 사회 활동에 긍정적인 효과를 줄 수 있다.

유리 테이블을 사용하면 과거의 영광에 집착하는 성향이 강해져 앞으로 나아가는 긍정적인 기상보다는 자꾸 뒤를 돌아보며 과거를 회상하게 된다. 따라서 젊은 사람에게는 적합하지 않다. 단, 유리 테이블을 깨끗하게 닦아서 가운데에 깔개를 깔면 문제없다.

다리가 네 개 달린 사각형이나 타원형 테이블이 가족운과 교제운 등을 좋게 하고 자신이 원하는 것들을 쉽게 이루어지게 한다.

젊은 사람들은 심플한 천 소파를 사용하는 것이 좋다. 소파 옆의 키 큰 스탠드는 가족들이 화목하게 지내도록 도와준다.

TV, 오디오, 컴퓨터, 전화기, 에어컨 등의 전자 제품 • 거실은 TV, 오디오, 컴퓨터, 전화기, 에어컨 등 전자 제품이 가장 많이 모여 있는

곳이다. 따라서 전자파로 인해 기의 흐름이 방해받지 않도록 하는 인테리어가 가장 중요하다.

전자 제품은 가능하면 가구에 수납하는 것이 기의 흐름을 순화시켜 준다. 또 화분을 이용하는 것도 좋은 방법이다. 전자 제품 주위에 관엽 식물을 놓으면 기의 흐름이 원활해지고 운도 상승한다.

거실에서 TV를 설치하기에 가장 적합한 장소는 동쪽이다. 좋은 정보는 동쪽으로부터 들어오기 때문이다. 이런 이유로 전화와 팩스, 컴퓨터 등을 놓는 위치도 동쪽이 가장 좋다.

북쪽에 TV, 오디오, 컴퓨터, 전화를 설치하는 경우에는 TV나 오디오가 원인이 되어 가족이나 형제 간에 싸움이 끊이지 않을 우려가 있다. 또 전자 제품에 먼지가 쌓여 있는 것도 매우 좋지 않다.

전자 제품을 설치하기 가장 좋은 방위인 동쪽에 TV와 홈씨어터를 둔 남향 거실.

사진, 그림, 관엽식물 • 거실에 꽃이 그려진 액자를 걸어두면 가족운이 상승하고 어린아이들이 노는 모습을 그린 그림은 자녀운이 좋아진다. 그러나 너무 복잡하고 어두운 색채를 사용한 그림은 애정의 굴곡이 심하게 나타나므로 좋지 않다.

가족사진은 현관에서 보이는 곳에 걸어두는 것이 좋다. 사진 근처에 싱싱한 화분을 두면 가족들이 서로 아끼고 사랑하는 가정이 될 수 있다.

전체적인 행운을 높이려면 거실에 관엽식물을 많이 놓는다. 햇빛이 잘 들지 않거나 기운이 좋지 않은 장소에 놓는 것이 중요하다. 거실이 5~7평 정도의 넓이라면 높이 150센티미터 정도의 식물을 한 그루 이상 놓도록 한다. 작은 화분이라면 3~5개 정도 놓는 것이 좋다.

조명, 거울, 기타 장식물 • 조명등은 형광등보다는 백열등을 이용한 간접조명이 좋다. 특히 가족들이 모두 모이는 시간에는 거실의 등을 모두 켜두도록 하고, 일정한 시간이 지난 후에 절약 모드로 바꾸는 것이 좋다. 켜지지 않는 전구가 있다면 신속하게 새 전구로 교체한다.

작은 조명기구를 천장에 설치할 때 매다는 것은 피해야 한다. 벽이나 천장에 매립하는 것을 원칙으로 해야 한다.

거실에는 방위와 관계없이 거울을 설치하지 않는 것이 좋다. 특히 거실의 모습을 모두 비추는 것은 가족들의 화합을 방해하므로 무조건 떼어내야 한다.

벽난로를 설치하는 경우에는 포근하고 따뜻한 느낌이 있어서 좋지만 주변에 가구를 설치하지 않도록 한다. 화재의 위험도 있지만 벽난로의 좋은 기운이 가구로 흡수되기 때문에 피해야 한다.

거실 바닥은 나무 재질로 까는 것이 자연의 기운을 받을 수 있어서 좋다. 소품도 자연 소재를 활용하는 것이 좋다.

벽난로 근처에 가구를 두면 좋은 기운이 가구로 흡수되어버리므로 주의하도록 한다.

욕실 · 화장실 풍수 인테리어의 포인트

부부의 운과 가족 구성원의 개인적인 운에도 많은 영향을 끼치는 욕실. 나쁜 운을 억제하기 위해서는 기본적으로 습기가 차거나 오염되어 있지 않도록 한다.

대부분의 경우 욕실이나 화장실은 방위적으로 흉한 지점에 있다. 따라서 조금만 소홀하게 관리하면 흉한 작용이 더 커지는 곳이다. 화장실은 건강, 욕실은 남녀의 애정과 밀접한 관련을 가지고 있다. 따라서 남편의 바람기로 고민을 하거나 뚜렷한 이유가 없는데도 소원하게 지내는 부부 관계는 의외로 욕실에서 그 원인을 찾을 수 있다.

부부 사이를 좋게 하고 싶거나 가족 구성원 각각의 운을 상승시키고 싶다면 욕실의 기운을 좋게 만드는 것이 필수적이다. 욕실은 특성상 맨몸으로 기운을 받아들이기 때문에 다른 곳에 비해 청결을 유지하는 것이 더욱 중요하다. 욕실의 습기는 불이나 물보다 더 강력하게 방위의 기운을 저하시키기 때문이다.

서쪽에 위치한 욕실은 금전운이, 동쪽에 위치한 욕실은 건강운이 우려된다. 특히 화장실은 어디에 위치해 있어도 흉한 작용을 하므로 길한 기운을 높이기 위해서는 항상 깨끗하게 관리하고 조명을 밝게 해야 한다. 창문이 없는 경우에는 반드시 환풍기를 설치하고, 샤워나 목욕을 한 뒤에는 환풍기를 틀어 습기를 제거하도록 한다.

욕조는 도기 재질이 좋고, 좁은 욕실에 크기가 큰 사이즈의 샴푸나 린스 등의 목욕 용품과 세제 등을 늘어놓는 것은 피한다. 가급적 세면대 주위도 비워두는 것이 좋다. 목욕이나 샤워를 한 뒤에는 창을 열어 환기하고, 욕조에 있는 물은 모두 뺀다.

목욕 매트와 수건도 햇빛에 잘 말리는 습관을 들이는 것이 좋은데, 해질 때까지 소품을 늘어놓아 음습한 기운을 받게 하는 것은 금물이다. 항상 밝고 청결하게 관리하고, 방위에 적합한 색상의 소품을 적절히 활용하면 욕실에 좋은 기운이 가득 차게 될 것이다.

욕실의 방위는 욕조의 위치에 따라서 결정된다.

욕실의 방위 찾기

욕실의 방위를 찾으려면 약간의 주의가 필요하다. 침실과 거실 등은 집 안의 중심점을 기준으로 각 방의 방위를 결정하지만, 욕실은 집 안의 중심점에서 보았을 때 욕실 안에 있는 욕조 위치에 따라서 욕실의 방위가 결정되기 때문이다.

예를 들어서 집의 중심점에서 보았을 때 욕실이 동쪽과 동남쪽에 걸쳐 있다면 욕조가 위치하고 있는 곳이 욕실의 방위가 된다. 즉 욕실 면적의 대부분이 동쪽에 포함되고 욕조만이 동남쪽에 걸리는 경우가 있다고 한다면 욕조가 있는 동남쪽이 욕실의 방위가 된다. 만약 욕조가 없는 경우라면 변기의 위치에 따라서 욕실의 방위가 결정된다.

욕실은 특별히 길한 방위가 있는 것은 아니지만 다음 사항들은 각별한 주의를 해야 한다.

① 귀문선鬼門線 상에 놓인 욕조

② 북쪽 · 서쪽 · 남쪽 등 각각의 정중앙선 위에 위치한 욕조

③ 집의 중심점 위에 설치된 욕조

이러한 곳에 욕조가 위치한 경우는 철저하게 청소하고 때가 끼지 않도록 해야 한다. 또 세면대의 위치도 이와 같은 위치에 설치하지 않도록 주의해야 한다.

check

운의 상승에 도움이 되는 아이템으로
건강과 행운이 가득한 욕실을 꾸미자.

아이템별 풍수 인테리어 어드바이스

샴푸, 비누, 목욕 용품 • 절약을 위해서 대형 용기에 들어 있는 절약형 샴푸를 사용하면 인간관계나 이사 문제의 걸림돌이 된다.

비누는 고급품을 사용할수록 사회적인 인망이 두터워지고 교제운도 좋아진다. 비누 등은 만들어진 장소의 방위에 의해서도 힘이 달라지므로 목적에 따라서는 수입품을 사용하는 방법도 있다. 서쪽의 힘이 담겨 있는 유럽산 제품을 사용하면 목욕을 하면서 금전운이 올라가게 된다. 신사의 나라 영국 제품은 지위나 명예의 힘을 지니고 있어 의지할 만한 사람이 생기게 된다. 미국 제품은 기획력이나 영업 성적이 좋아져 젊은 사람이나 영업직에 근무하는 사람들에게 적합하다.

욕실에서 사용하는 목욕 의자나 대야 등의 용품은 몸에 직접 닿게 사용하는 것으로, 좋고 나쁜 기운이 몸에 빠르게 흡수되는 물건이다. 따라서 목욕 용품은 방위에 맞는 행운 색상의 제품을 고르는 것이 기본이다.

욕실 매트, 슬리퍼 • 욕실 매트는 대부분 함부로 취급하기 쉽다. 그러나 욕실 매트는 현관 매트보다 사용하는 사람에게 더 큰 영향을 미치므로 곰팡이가 피지 않도록 자주 세탁하고, 햇빛에 잘 건조시키도록 한다.

슬리퍼 없이 매트만을 사용하는 것은 흉하다. 슬리퍼는 되도록이면 고급스러운 것을 사용하고, 6개월에 한 번씩 새것으로 교환한다.

•
화장실 수납장에 수건을 넣어두면 음의 기운이 스며들어 흉하므로 너무 많이 보관하지 말아야 한다.

수건 • 목욕 수건이나 손 닦는 수건 등의 색상은 흰색이 가장 좋지만, 베이지색 등의 옅은 색상이라면 길흉에 영향을 끼치지 않는다. 하지만 화려한 색상은 음 · 양의 기운이 너무 강해서 크게 영향을 끼친다.

화장실 수납장에 수건을 많이 수납하는 것은 좋지 않다. 화장실의 흉한 기운이 수건에 스며들어서 수건이 지닌 기운이 변하기 때문이다. 꽃무늬 수건을 사용하는 사람은 연애 지향적이 되고, 하얀 수건을 사용하는 사람은 청결함을 최우선으로 하게 된다.

청소 도구 · 방향제 • 청소 도구를 화장실 구석에 방치해두는 것은 좋지 않다. 아이들이 제대로 공부를 하지 않는다면 그것은 청소 도구를 밖에 내놓은 채로 내버려둔 주부의 책임이다. 적절한 장소가 없어서 안에 둘 수밖에 없는 경우에는 관엽식물을 놓아 직접 보이지 않도록 가린다.

화장실 방향제는 향이 강한 것은 피한다. 문을 열고 닫을 때마다 통로나 다른 방에까지 냄새가 퍼지면 가족들이 구설수에 오르거나 좋지 않은 소문이 퍼진다.

방위별 풍수 인테리어 어드바이스

north south east west

동향 거실 & 욕실 · 화장실 • 태양 에너지를 흡수해 밝고 명랑한 기운을 북돋을 수 있는 방위

동남향 거실 & 욕실 · 화장실 • 좋은 인연을 맺어주는 기운이 강해 애정운에 더없이 좋은 방위

남향 거실 & 욕실 · 화장실 • 음과 양이 교차하는 지점으로 만남과 이별이 동시에 이루어지는 방위

남서향 거실 & 욕실 · 화장실 • 계절의 영향력이 강해 감정의 기복이 심하게 나타나는 방위

서향 거실 & 욕실 · 화장실 • 가족을 상징하며 권태기의 부부들에게 많은 영향력을 가진 방위

서북향 거실 & 욕실 · 화장실 • 여성에게는 풍요로운 사랑을 주고 가장에게도 중요한 의미가 있는 방위

북향 거실 & 욕실 · 화장실 • 가족 간에 신뢰가 쌓이고 깊은 사랑을 쌓아갈 수 있는 방위

북동향 거실 & 욕실 · 화장실 • 긍정적인 기운으로 획기적인 사랑을 나눌 수 있는 방위

동향 거실

동쪽은 생기가 가득한 태양 에너지를 온전하게 흡수할 수 있으며 밝고 명랑한 기운이 강해서 거실의 방위로 적격이다. 거실이 동쪽에 위치한 가정은 대체로 화목하고 가족들이 함께 모여서 보내는 시간이 많은 편이다. 그러므로 상대방을 잘 이해하며 누군가 어려운 일이 있으면 함께 고민하면서 어려움을 쉽게 극복한다.

동쪽은 창조의 기운이 강하고 어린아이들의 기운이 강한 방위다. 여기에 적절한 인테리어를 한다면 아이로 인한 즐거움으로 웃음소리가 끊이지 않는 가정이 될 수 있다.

특히 결혼한 뒤에 오랫동안 아이를 갖지 못한 부부가 사용하면 머지않은 시기에 아이를 가질 수 있는 행운의 방위다. 아이들이 있는 가정은 아이들과의 관계가 더욱 좋아질 수 있다.

동향 거실에서 가장 먼저 점검해볼 사항은 거울이나 유리 장식의 위치. 거울이 서쪽에 걸려 있다면 신속히 다른 곳으로 옮겨야 한다. 외부에서 들어오는 생기가 반사되어 밖으로 나가기 때문이다. 간혹 너무 생기가 넘쳐서 산만함을 보일 수도 있다.

만약 그런 경우라면 창문 근처의 천장에 아기자기한 크기의 관엽식물을 매달아두거나 푸른색 계열의 꽃을 놓아두면 해결된다. 그리고 동쪽 벽면에 소리가 나는 시계를 설치하는 것도 좋은 방법이다.

point

벽지는 옅은 하늘색이, 장식장은 짙은 갈색의 원목이 좋다.

동향 거실의 사랑과 행운을 북돋는 풍수 재료는 쇠다. 따라서 쇠로 만든 장식물이 많을수록 애정운도 그만큼 더 상승한다.

예를 들어 은으로 만든 종을 달고 이따금씩 톡톡 건드려 집 안에 맑은 소리를 울리게 하면 사랑이 찾아온다. 또 임신부가 있다면 매일 이곳에서 흰 우유를 마시면 태아가 건강하게 자라게 된다.

동향 거실에 어울리는 인테리어 색상은 청색이나 짙은 갈색 계열이다. 벽지는 옅은 색으로 하고 장식장은 짙은 갈색의 원목 소품을 놓으면 좋다. 인테리어 소품 역시 청색 계열을 이용한다. 가구는 지나치게 비싸거나 화려한 것은 피해야 한다. 동쪽은 창조력과 함께 새로움을 뜻하는 방위이므로 드라이플라워 같은 죽은 식물이나 동물을 박제한 것은 매우 흉하게 작용한다.

단순한 디자인의 짙은 갈색 소파와 원목 테이블로 동향 거실의 운기를 높여준 인테리어.

동쪽은 소리와 상성이 좋다. 따라서 TV, 오디오, 전화기 같은 소리 나는 제품은 동쪽이나 남쪽에 두도록 한다. 만약 TV의 채널로 인하여 다툼이 자주 발생한다면 그 옆에 관엽식물을 놓아두면 좋아진다. 커튼은 청색, 분홍색, 붉은색 같은 화려한 색상이 좋다. 벽지와 같은 색상도 괜찮다.

카펫은 깔지 않는 것이 좋은데, 깔고 싶다면 수수한 것을 선택하도록 한다. 액자는 수수한 느낌의 동양화가 좋고 위치는 서쪽 방향이 가장 좋다.

동향 욕실 · 화장실

분홍색과 청색 계열을 이용한 인테리어가 좋다. 커튼이나 블라인드, 샤워 커튼, 매트 등도 분홍색이나 청색 계열의 색상을 사용하는 것이 애정운을 높일 수 있는 비결이다. 부분적으로 흰색이나 붉은색, 보라색을 사용하는 것도 좋다. 거울은 되도록이면 큰 것을 사용하는 것이 좋으며, 다툼이 자주 일어난다면 투명한 화병에 붉은색, 청색 계열의 제철에 피는 꽃을 장식하면 다툼을 예방할 수 있다.

부부 욕실 ● 수건이나 소품 등을 동쪽의 행운색인 붉은색으로 사용하면 좋은 기운을 받을 수 있다. 벽면 타일의 인테리어 색상은 청색이 가장 좋은데, 전면적인 교체가 어렵다면 청색 타일이나 시트로 띠를 돌려주는 것도 무난하다. 바닥 타일의 색상은 붉은색이나 벽면 타일과 같은 청색으로 한다. 변기나 세면대의 색상은 화려한 색상이 좋다. 다만 검은색은 동쪽의 기운을 저하시키므로 피해야 한다.

흉한 기운이 많은 화장실에서 오랫동안 머무는 것은 좋지 않다. 따라서 화장실에서 신문을 읽거나 책을 보는 습관은 버리도록 한다.

동남향 거실

동남쪽은 좋은 인연을 맺어주는 기운이 강하기 때문에 애정운에 더할 나위 없이 좋은 방위다. 거실은 가족이 모이는 장소이며 외부의 손님을 접대하는 곳이므로 인테리어가 알맞게 되어 있다면 많은 사람들의 인기를 한 몸에 받을 수 있다.

동남쪽은 직관력과 예지력이 강해지는 방위다. 또한 남들에게 정당하고 합리적인 대접을 받을 수 있는 방위이기도 하다. 긍정적인 사고방식을 바탕으로 모든 일을 순조롭게 처리하여 능력 있는 사회인이 될 수 있다. 그러므로 재택근무를 하는 사람들에게 동남향 거실은 가장 좋은 방위이다. 대인 관계가 원만해지고 주변에서 음으로 양으로 많은 도움을 받을 수 있다. 그러나 사소한 소문으로 인하여 가족 간에 불화가 생길 수도 있으니 언행에 각별히 주의해야 한다.

상가아파트나 오피스텔을 임대해서 사무실로 사용한다면 동남향 방위에 응접실을 만드는 것이 사업의 성공 포인트다. 끊임없이 사람들이 오고가는 방위로 많은 사람들을 불러들이기 때문에, 사무실이 북적거리며 빠른 시간 내에 사업이 활성화될 수 있다.

동남향 거실을 더욱 길한 공간으로 만들기 위해서는 통풍을 좋게 하는 것이 필수다. 남쪽이나 동쪽으로 창문이 있다면 매우 길한 운세로 작용한다. 이때 커튼은 옅은 크림색이나 꽃무늬를 사용하면 더 많은 행운이 찾아온다.

point

가구는 원목이 좋고 유리나 스테인리스 같은 금속 제품도 무난하다

동남향 거실에 난색 계열의 인테리어를 해주면 좋은 기운이 강해진다.

동남향 거실에서 애정운을 상승시켜주는 풍수 재료는 물이다. 어항이나 수족관을 잘 관리하면 애정의 물결이 파도처럼 넘치게 된다. 또한 아름다운 사랑을 하는 연인들의 사진이나 지고지순한 애정 영화, 연극 등의 포스터도 애정운을 높인다. 그런 물건을 동쪽에 걸어놓으면 애정운이 상승하여 염원하던 꿈같은 사랑을 이룰 수 있다. 이때 통풍을 좋게 하면 더 좋은 효과를 볼 수 있다.

동남향 거실의 인테리어 색상은 난색 계열로 통일하고 어떤 경우라도 검은색은 피해야 한다. 벽지는 아이보리색이나 분홍색이 좋고 커튼은 밝고 화려한 꽃무늬로 한다.

가구는 어둡지 않은 느낌의 원목이 좋고 유리나 스테인리스 같은 금속 제품도 무난하다. 테이블 위에 좋은 향기가 나는 포푸리를 두거나 방향제를 놓아두는 것도 애정운을 상승시키는 비결이다.

TV는 동쪽이나 남쪽, 혹은 동남쪽에 두고 주위에 좋아하는 꽃을 꽂아둔다. 결혼을 앞둔 여성은 TV 장식장 근처에 밝고 화려한 사진을 나무 액자에 끼워두면 남성들이 선호하는 매력적인 여성이 될 수 있다.

신혼부부가 동남향 거실을 사용하면 익숙하지 않은 집안일을 빠른 시간 안에 터득하여 행복한 가정을 이룰 수 있다. 조명은 간접조명보다는 밝은 분위기를 유지할 수 있는 직접조명이 좋다.

동남향 욕실 · 화장실

동남쪽은 꽃을 이용하는 풍수가 좋은 영을 미치는 방위이므로 식물들을 장식하는 것이 좋다. 특히 베이지색과 오렌지색 화초가 애정운을 상승시킨다. 수건, 샤워 커튼, 매트 등의 소품에 꽃무늬가 들어간 것이면 금상첨화다. 인테리어에 흰색이나 검정색을 사용하는 것은 금물이다.

전반적으로 밝고 산뜻한 색상이 좋으며 바닥에는 나무로 된 발판을 놓는다. 벽타일은 베이지색 계열의 꽃무늬로 부분 포인트를 주고, 조명은 보조등을 사용하여 밝게 하는 것이 길하다.

동남향 욕실 · 화장실은 꽃을 이용하여 밝고 따뜻하게 꾸미는 것이 포인트다.

부부 욕실 • 동남쪽은 좋은 인연과 대인 관계를 상징하는 방위다. 때문에 동남향 부부 욕실의 청소를 게을리 하여 거울이나 장식물에 때가 끼어 있다면 구설수에 오르내리기 쉽다. 따라서 청소를 자주 하여 남들에게 좋은 인상을 주도록 노력해야 한다.

비누나 샴푸, 수건 등의 색상은 싱그러운 풀꽃 색상을 기본으로 하고, 변기 위에 꽃을 장식하면 애정운이 좋아진다. 동남쪽은 향기와 관계가 있으므로 은은한 향이 나는 방향제를 비치하면 좋은 기운이 샘솟는다.

남향 거실

남쪽은 하루 종일 햇빛이 충분히 들어오기 때문에 전반적으로 온화하고 편안한 기운이 넘치는 방위다. 그러나 남쪽은 음과 양이 교차하는 지점이기 때문에 만남과 이별이 동시에 이루어질 수 있다. 따라서 세심한 인테리어가 필요한 방위다.

남쪽은 자신이 진정으로 원하는 것이 무엇인지 깨닫고 그것을 행동으로 옮길 수 있게 해주는 방위다. 따라서 남쪽의 생기발랄한 양의 기운을 적절하게 통제하면 음양의 조화로 좋은 기운을 더욱 상승시켜 원하는 것을 이룰 수 있다.

인테리어가 적절하게 되어 있으면 명예, 진급, 학문, 출세 등 좋은 것을 모두 가질 수 있지만 기를 제대로 관리하지 못하면 더 큰 불행을 만나게 된다. 가족 구성원 각자가 자기중심적으로 되어 싸움이 잦거나 서로에게 무관심해질 수 있다. 대외적으로는 동업자와의 결별, 소송, 구설수 등으로 고소 · 고발이나 감봉, 화재, 대인 관계에서의 충돌 등 좋지 않은 일을 겪게 된다.

남향 거실은 한색 계열의 옅은 청색이나 보라색 계열로 음양의 조화를 이루도록 하는 게 중요하다. 붉은색이나 노란색처럼 지나치게 화려한 색상은 불화의 원인이 되므로 주의하자.

point

인형은 식물과 함께 두고 소파는 녹색이나 베이지색 천으로 된 것이 길하다

남향 거실의 기운을 좋게 만들어주는 풍수 재료는 거울이다. 거울은 자신의 모습을 긍정적으로 비춰주는 힘이 있다. 따라서 적당한 장소에 거울이 걸려 있으면 삶의 에너지가 충만해진다. 단, 거울을 걸 때는 자신의 모습이 똑바로 보이도록 높이와 각도를 조절해야 한다. 거울에 비친 얼굴이 일그러져 보이지 않도록 하고 특히 얼굴이 잘려 보이게 않게 걸어야 행운의 기운이 제대로 상승하여 멋진 사랑과 행복을 얻을 수 있게 된다.

단정한 베이지색 소파와 관엽식물로 온화하고 편안한 남쪽 방위의 특성을 살린 거실.

장식장은 북쪽에 놓고 중간쯤에 크리스털 화병에 흰색이나 아이보리색 같은 자극적이지 않은 색상의 꽃을 꽂아둔다. 인형은 반드시 식물과 함께 둔다.

소파는 녹색이나 베이지색 천으로 된 것이 길하다. 커튼 역시 녹색이나 청색 계열의 꽃무늬가 좋다. 카펫은 바닥 전체를 까는 것은 피하며 디자인은 단순한 문양의 옅은 색이 길하다.

TV, 오디오, 전화기, 팩스 등은 남쪽이나 서쪽에 둔다. 조명은 직접조명을 피하는 것이 좋으며, 조명의 모양은 샹들리에처럼 거창한 것보다 단순한 디자인이 좋다. 거실의 남쪽에는 금속 제품의 키가 큰 스탠드를 한 쌍 세우거나 관엽식물을 놓는다.

남향 욕실 · 화장실

벽타일은 검정이나 흰색, 녹색이 길하다. 또한 타일 중간에 물결무늬의 포인트를 주면 애정운이 파도처럼 넘실거리게 된다. 샤워 커튼 역시 물결무늬나 물방울무늬가 좋다. 욕조는 녹색 계열이 길하고, 사용한 뒤에는 반드시 물을 빼도록 한다. 매트는 흰색이 좋지만 주변 사람들과 자주 다툼이 생긴다면 교제운을 높이기 위해 녹색을 사용한다.

세면대나 욕조에 때가 끼어 지저분한 채로 두면 구설수에 오르내리고 평판이 나빠져 곤란한 상황에 놓이게 될 수도 있다. 따라서 항상 청결하게 관리해야 하며 바닥 배수구는 크게 만드는 것이 길하다.

부부 욕실 • 남쪽은 활동성을 상징하기 때문에 차분하고 안정적인 사랑을 원하는 사람은 관엽식물이나 꽃을 쌍으로 준비하여 남쪽에 놓으면 주변 상황에 흔들리지 않고 원만한 애정 관계를 유지할 수 있다.

남쪽은 뜨거운 열기로 인하여 격정적인 사랑에 빠질 수 있는 방위다. 때문에 열정을 식혀줄 수 있도록 흰색, 녹색, 청색 같은 한색 계열로 인테리어를 하고, 벽과 천장과 바닥은 같은 색상으로 통일시키는 것이 좋다. 변기와 세면대도 같은 색상으로 하는 것이 좋다.

남서향 거실

남서쪽은 계절의 영향력이 강하기 때문에 겨울은 그런대로 보낼 수 있지만 여름에는 모든 것이 나태해지고 권태감이 생기는 등 감정에 기복이 심하게 나타나는 방위다.

남서쪽은 무엇보다 청결하게 관리해야 하는 방위다. 더욱이 사랑이란 미묘하게 반응하는 생물체이기 때문에 청결이 중요한 남서쪽의 기운이 탁해지면 애정운이 저하된다. 그러므로 시든 꽃이나 칠이 벗겨진 가구 등 낡고 지저분한 것들은 다른 곳으로 치운다.

남서쪽의 인테리어가 알맞게 되어 있으면 생각지도 않은 상황에서 누군가의 도움으로 원하는 사람을 소개받을 수 있다. 하지만 그렇지 않다면 마음이 심란해지면서 위험하고 충동적인 기분에 사로잡히게 되므로, 불륜의 사랑이나 이루어질 수 없는 사랑 등 비극적인 사랑으로 큰 상처를 받을 수 있다.

남서쪽 방위의 가장 큰 특징은 부인의 영향력이 증대된다는 점이다. 좋은 인테리어로 꾸며졌다면 알뜰하게 살림을 잘하고 아이에게 자애롭고 남편에게 애인 같은 아내가 될 수 있다. 또한 재물 관리에 남다른 면을 보여 재산 증식도 가능하다. 그러나 나쁜 운으로 작용할 때는 무단가출까지 할 수 있을 정도이다.

금전적인 투자를 하지 않더라도 매일 청소를 하는 등 정성을 다하는 것만으로도 어느 정도 운을 좋게 바꿀 수 있으므로, 남서쪽의 흉한 기운을 막기 위해서는 거실을 차분한 분위기로 꾸미도록 노력해야 한다.

point

장식장에 양주병을 진열하면 사랑이 타오르다가 식어버리거나 변태적이 될 수 있어 흉하다

남서쪽의 흉한 기운을 막기 위한 풍수 재료는 책이다. 단순한 디자인의 책장을 설치한 다음에 감동적인 사랑에 관한 문학 작품이나 보고 싶은 책을 진열하면, 머지않아 소설 같은 아름다운 사랑을 할 수 있다. 특히 책장에 부분 조명을 하여 책을 빛나게 한다면 남들의 관심과 주목을 받을 수 있는 아름다운 사랑을 할 수 있다.

남서쪽 인테리어는 차분한 분위기를 유지하는 것이 중요하다. 가구는 갈색 계열의 안정된 색상이 좋고 소파는 가죽이나 나무보다는 천으로 만든 것이 좋다. 커튼은 흰색을 기본으로 베이지색이나 노란색, 아이보리색이 좋다. 거실 창문으로 석양에 햇빛이 들어오지 않도록 이른 시간에 커튼을 쳐서 흉한 기운을 차단하고, 창문 옆에는 반드시 관엽식물을 둔다.

장식장은 원목 제품이 길한데 금속 손잡이로 장식되어 있고 문에는 유리가 끼워진 것을 고르도록 한다. 단, 장식장 안에 양주 등 알코올을 진열하는 것은 금물이다. 사랑이 타오르다가 금방 식어버리거나 변태적인 사랑으로 변질될 수 있으므로 매우 흉하다.

TV는 동쪽에 있는 낮은 목재 가구 위에 올려두는 것이 좋다. 부부간에 불화가 생기거나 교제하는 사람과 자주 갈등이 생기면 꽃을 이용해서 해결한다. 산뜻한 디자인의 화분에 붉은색이나 노란색 또는 아이보리색의 꽃을 심어 거실 남쪽에 두면 복잡한 문제가 원만하게 해결될 수 있다.

남서향 욕실 · 화장실

남서쪽 욕실 인테리어는 밝기와 환기가 중요하다. 내부 색상이 어둡거나 햇빛이 들지 않으면 애정 관계에 심한 권태를 느끼게 된다. 이 때는 천장 조명과 함께 보조 조명을 설치하여 거울 위에서 비춰지도록 하면 새로운 활력을 찾을 수 있다. 그렇지만 불빛이 변기에 직접 비춰지면 위험한 사랑에 빠질 수 있으므로 주의해야 한다.

샤워 커튼은 흰색 바탕에 꽃무늬 디자인이 좋다. 거울은 가능하면 큰 것을 선택하는 것이 애정운을 좋게 하는 비결이다.

보조 조명을 적절히 사용하여 내부를 항상 밝게 유지하고 가능한 큰 거울을 사용하는 것이 행운을 부르는 비결이다.

부부 욕실 • 남서향 부부 욕실에서 애정운을 높일 수 있는 비결은 직접적으로 사랑을 부르는 방법보다 컨디션을 먼저 점검하는 간접적인 방법을 사용하는 것이다. 특별한 이유가 없는데도 늘 몸이 가라앉는 듯 처진다면 내부 색상을 밝은 색상으로 바꾸어준다. 또 불필요한 물건을 모두 치우는 것만으로도 몸이 가벼워지는 것을 느낄 수 있다.

특히 부부 욕실을 창고처럼 사용하는 사람들이 있는데 남서쪽에서는 절대 금물이다. 외부 화장실을 사용하더라도 욕실의 기능을 그대로 살려주는 것이 애정운을 높이는 방법이다.

서향 거실

서쪽은 남서쪽의 귀문 방향을 통과했기에 평온하면서 안정적인 방위이다. 계절로 보면 가을에 해당된다. 가을이 되면 조석으로 선선한 바람이 불어오듯 전반적인 운세 역시 상쾌하며 결실의 계절처럼 금전운과 애정운에 강한 방위다. 따라서 서향 거실은 풍수적으로 부자가 될 수 있고, 결혼을 앞둔 사람은 이른 시일 내에 원하는 결혼을 할 수 있는 기본 조건이 갖추어진 셈이다.

서쪽은 시간상으로 오후에 해당하므로 태양이 서산에 지는 것과 같이 은둔과 은퇴를 상징한다. 서쪽의 기운이 불리하게 작용하면 중도좌절로 인한 타락이 우려되고 낭비와 구설수도 도사리고 있다. 집 구조에 결함이 있거나 문제가 있다면 자녀의 탈선이 우려된다. 특히 권태기의 부부들에게는 그 영향력이 상당히 크다.

서향 거실의 인테리어는 전체적으로 차분한 분위기를 만드는 것이 좋다. 색상 역시 베이지색이나 갈색 톤의 인테리어가 길하다. 벽지는 진한 느낌의 아이보리색이나 옅은 갈색 계통의 컬러로 한다.

서향 거실은 물을 가까이 하면 좋지 않으므로 수조나 너무 큰 화병은 놓지 않도록 한다. 물과 관련된 그림을 거는 것도 금물이다.

point

나무로 만들어진 묵직한 테이블이 행운을 가져온다

서향 거실에서 사랑을 키워줄 수 있는 풍수 재료는 화분이다. 화분을 잘 사용하면 신선한 향기만큼이나 사랑의 향기가 피어오르게 된다. 또 숲이나 나무의 도움을 받는 것도 좋다. 특히 뚜렷한 이유도 없이 결혼이 차일피일 늦어지는 사람들은 싱싱하고 향기가 좋은 작은 화분을 놓아두면 빠른 시일 안에 행복한 보금자리를 만들 수 있다. 시든 꽃이나 드라이플라워 등으로 장식했다면 신속히 치워야 한다.

서향 거실에는 방위와 상생이 맞는 싱싱하고 작은 화분을 여러 개 두면 좋다.

서쪽 거실은 베이지색이나 갈색 계열의 부드러운 색상이 좋은 기운을 상승시킨다. 소파는 갈색 톤의 가죽 제품이 좋은데, 단조로운 디자인보다는 고급스러운 디자인을 사용하면 품위 있는 사랑을 할 수 있다. 권태기의 부부들은 청색 계열의 쿠션이나 소품 등으로 포인트를 주면 부부 불화의 위기를 극복할 수 있다.

테이블은 나무로 만들어진 묵직한 것이 행운을 가져온다. 유리나 스테인리스 재질은 흉하다.

카펫을 깔려면 베이지색 계열에 털이 긴 것이 좋다. 서쪽 방향에 큰 창문이 있으면 베이지색이나 갈색 커튼을 사용한다. 동북쪽에 창문이 있으면 버티컬을 사용하는 것이 애정운을 좋게 하는 비결이다.

TV, 오디오, 컴퓨터, 전화기는 동쪽 또는 동남쪽에 두고 그 위에 팔각형의 시계를 건다. TV를 다른 곳에 놓을 수밖에 없으면 주변에 분홍색 소품을 놓도록 한다. 서쪽 거실에 쇠로 만든 제품을 놓는 것은 사랑을 식게 하는 역효과가 있으므로 좋지 않다.

서향 욕실 · 화장실

서향 욕실의 인테리어는 식물을 적절히 이용하는 것이 중요하다. 식물을 관리하기 어려우면 식물이 그려진 그림을 포푸리와 함께 장식해도 무난하다. 내부 디자인은 정사각형의 규칙적인 형태보다는 직사각형이나 화려하고 자유로운 모양이 길하다.

애정운이 좋아지는 색은 노란색 계열이다. 천장은 나무색이 가장 좋고, 벽타일은 화려한 꽃무늬가 길하다. 거울은 초록색이 프린트되어 있는 것을 사용하는 것이 좋다.

서향 욕실의 인테리어가 집 안의 다른 곳에 비해 초라하게 꾸며져 있으면 부인이 밖으로 눈을 돌릴 수 있으므로 각별한 주의가 필요하다.

부부 욕실 • 서향 부부 욕실의 인테리어 포인트는 고급스럽게 꾸미는 것이다. 욕실 소모품 역시 고급스런 제품을 사용하는 것이 좋으며, 욕실의 장식장 안에는 향이 좋은 물건을 비치하도록 한다.

인테리어 색상은 분홍색, 아이보리색 같은 화사한 색을 사용하는 것이 좋다. 꽃이 그려져 있는 그림을 포푸리와 함께 놓아두는 것도 길하다.

서북향 거실

서북쪽은 여성들에게 풍요로운 사랑을 약속하고 집안의 가장에게 중요한 의미를 부여하는 방위다. 이곳에 거실이 있으면 남성들의 힘이 약해지거나 아버지의 권위가 실추되고, 남자 아이가 여자 아이한테 기가 눌리는 등 가정이 여성 상위로 흘러간다. 그러므로 가장 먼저 이와 같은 불균형을 제거하기 위한 인테리어를 해야 한다.

남성이 자신의 재능과 힘을 제대로 발휘할 수 있도록 아버지와 아들의 사진을 거실에 걸어두는 것이 좋다. 또 자신이 능력 있는 사람이라는 것을 증명할 수 있는 물건을 놓는 것이 효과적이다. 예를 들면 학교에서 받은 상장이나 음악 콩쿠르, 미술 대회, 육상 대회 등에서 받은 트로피 등을 잘 보이는 곳에 놓도록 한다. 특히 거실의 서북쪽 코너에는 가장의 물건을 놓는다. 가장이 즐겨 보는 책이나 소중하게 여기는 손때 묻은 물건, 손수 그린 그림이나 글씨 등이 여기에 해당된다.

인테리어가 알맞게 되어 있다면 여성이 남성을 적당히 리드하면서 복잡한 사랑의 방정식을 비롯한 여러 문제를 쉽게 풀어나갈 수 있다. 그러나 풍수의 기운이 잘못 흐르게 되면 망상에 빠져들어 현실감 없는 소설 같은 사랑을 동경하게 될 수 있으므로 주의해야 한다.

거실의 코너에 가장이 아끼는 물건이나 책 등을 놓아두면 가장의 기운을 살려줄 수 있다.

point

금장으로 장식된 액자나 금색의 소품이 행운을 불러온다

서북쪽의 애정운을 원만하게 조절할 수 있는 풍수 재료는 금이다. 따라서 금장으로 된 장식물이나 금색의 소품을 놓아두면 물질에 구애받지 않고 넉넉하고 풍요로운 사랑을 키워나갈 수 있다. 또 자수정이나 파란 불꽃이 타오르는 가스램프도 좋은 아이템이다. 특히 부부의 사랑이 식어가고 있다면 가스램프를 켜놓고 자수정 반지나 목걸이 같은 액세서리를 교환하면 첫사랑 같은 감미로운 사랑을 되찾을 수 있다.

서북향 거실의 벽지는 분홍색 계열이 좋으며, 천장이나 벽 중간에 분홍색 띠벽지를 둘러서 포인트를 주면 더욱 길하다.

장식장은 녹색 계열의 색상이 좋다. 특히 튼튼한 나무로 만든 것이 길하다. 바닥을 마루판으로 마감하면 더욱 좋다.

소파는 천 제품을 사용하되 너무 복잡하고 화려한 무늬는 서북쪽의 좋은 애정운을 빼앗아버리므로 각별히 주의한다. 커튼은 흰색, 베이지색, 녹색 계열의 색상이 좋고 디자인은 차분하게 한다. TV는 크면 클수록 좋고 오디오, 전화기와 함께 동쪽에 놓도록 한다. 조명기구는 다소 거창해 보이는 것이 좋고 스탠드를 두려면 녹색의 둥근 모양으로 한다. 위치는 남서쪽 구석에 놓아두는 것이 애정운을 높이는 비결이다.

남성의 기를 살리고 싶다면 장식장 안에 보석 상자나 귀중품을 놓아두고 갈색 액자에 금을 상징하는 그림을 넣어 장식한다. 별거 중이거나 헤어진 사람을 다시 만나고 싶으면 금장 액자에 사진을 넣어서 동쪽에 걸어두면 머지않아 좋은 소식을 듣게 될 것이다.

서북향 욕실 · 화장실

서북쪽의 인테리어가 적절하지 않으면 남에게 말하기 좋아하는 습관이 생겨 구설수에 오르내릴 수 있다. 만일 부부나 애인 사이에 다툼이 잦으면 욕실 · 화장실 출입문 주위에 키가 큰 관엽식물을 놓아둔다. 빠른 시일 안에 좋은 관계를 회복할 수 있을 것이다.

욕실의 장식품은 금도장이 된 황금색을 사용한다. 벽면과 바닥은 물론 욕조, 세면대, 변기, 매트 등도 노란색이나 녹색, 자주색으로 통일하도록 한다. 조명은 백열등을 사용하는 것이 좋고 가능하면 두 군데 설치한다.

서북향은 금과 상생이 좋으므로 욕실도 황금색을 사용하여 꾸며주면 좋다.

부부 욕실 • 서북쪽은 부와 번영을 약속하는 방위다. 그러나 욕실은 물을 사용하는 곳이기 때문에 자칫하면 금전 문제로 인하여 부부 관계에 심각한 위기가 올 수도 있다.

서북향 부부 욕실의 인테리어는 각별히 정성을 쏟아 호화롭게 꾸미는 것이 좋으며, 비누는 물기에 젖어 있지 않도록 한다.

만약 남편이 재물 문제로 고민을 하면 부부 관계가 소원해진다. 그럴 때는 섹시한 느낌을 주는 누드화를 출입구 근처에 걸어두면 가까운 시일 안에 좋은 효과를 볼 수 있다.

북향 거실

북쪽 거실은 일조량의 변화가 적으므로 가라앉은 듯한 분위기에서 벗어나기 힘들다. 차분하고 안정적인 힘을 지니고 있어 학자나 연구가들에게는 더할 나위 없이 좋은 방위지만 대부분의 경우 바람직하지 않다. 때문에 북쪽의 약점을 보완할 수 있도록 조명을 활용하여 늘 밝고 따뜻한 분위기를 연출해야 한다.

북쪽은 새로운 시작과 신뢰를 상징한다. 인테리어가 알맞게 되어 있다면 상대방을 전폭적으로 믿고 싫증내지 않으면서 새로운 사랑을 쌓아갈 수 있다. 그러나 인테리어가 적절하지 않다면 상대방을 이유 없이 의심하면서 갈등과 번민 속에서 고독하게 지내게 된다. 또 까닭 없이 음란한 마음이 생기고 추문을 일으켜 사랑하는 사람과 이별할 수 있다.

북향 거실에서 가장 신경 써야 하는 부분은 조명. 일조량이 적고 차가운 느낌이 강하므로 가능하면 태양빛과 유사한 백열전등이나 할로겐램프를 사용하는 것이 좋다.

point

가구와 장식물은 붉은 와인색, 분홍색, 오렌지색처럼 밝고 화려한 계열이 좋다

북쪽에서 애정운을 좌우하는 풍수 재료로는 선인장이 으뜸이다. 선인장은 풍수로 볼 때 위험한 도구지만 북쪽에서만은 매우 유용한 풍수 재료다. 북쪽에 놓인 선인장은 사람들의 잠재의식 속에 감춰져 있는 정열을 불러일으켜 자칫 무미건조해질 수 있는 사랑의 마음을 화산처럼 힘차게 폭발시켜준다. 또 마음속에 자리 잡고 있는 음험한 기운을 뾰족한 가시로 가라앉혀줄 수도 있다.

아이보리색과 핑크색에 무늬가 들어간 벽지와 북쪽의 행운색이 들어간 화려한 소품으로 포인트를 살린 거실.

커튼은 밝은 색으로 하고 악센트를 주고 싶다면 꽃무늬가 좋다. 벽지는 따뜻한 느낌의 옅은 아이보리색이나 은은한 핑크색이 적당하고 진한 색깔은 피해야 한다. 북쪽을 지배하는 행운의 색은 검정색, 붉은 와인색, 분홍색, 오렌지색이다.

가구와 장식물도 밝고 화려한 것이 좋다. TV나 오디오 등 전자제품은 동쪽이나 남쪽에 설치하고, 소파는 원칙적으로 가죽 제품은 피하도록 한다. 불가피한 경우라면 디자인이 화려한 밝은 색상을 택하도록 한다. 배열은 현관 출입구를 직접 바라보지 않도록 해야 한다.

탁자는 돌판이나 유리를 얹은 것은 젊은 사람들에게는 금물이다. 그러나 합판이나 MDF로 만들어 나뭇결이 없다면 테이블 커버를 씌우는 것이 좋다. 정사각형인 경우에는 단색으로 하고 직사각형인 경우에는 체크무늬가 좋다. 탁자 위에는 화려한 꽃이나 화분으로 장식하도록 한다.

벽에 꽃 그림 액자가 걸린 집은 가족들이 행복하게 지낸다. 풍경화는 감춰진 재능을 발휘할 수 있게 해주고, 산이 포인트가 된 그림을 걸면 재물운이 상승한다.

북향 욕실 · 화장실

마감재는 내수성이 뛰어난 소재를 선택하여 곰팡이를 방지하도록 한다. 바닥은 붉은색으로 하고 불편할 정도로 요철이 있는 것을 사용하는 것이 좋다.

난방용 라디에이터를 설치하는 것이 길하고 반드시 비데를 사용한다. 조명기구는 직사각형 모양의 디자인이 좋으며 그림을 걸려면 풍경화보다는 인물화를 거는 것이 애정운을 높이는 포인트다.

신혼부부들은 창문 옆에 화려한 꽃을 장식해서 화사한 분위기를 유지하는 것이 사랑을 무르익게 하는 비결이다.

부부 욕실 • 북쪽은 방위상으로도 가장 추운 지역에 속한다. 따라서 부부 관계가 싸늘하게 식어버릴 수 있는 위험한 방위다.

부부의 애정운을 높여주기 위해서는 더운 기운을 살려주는 것이 중요하다. 먼저 조명은 밝고 환한 백열등을 사용하고 벽과 천장도 난색 계열을 사용하여 따뜻한 분위기를 만들도록 한다. 매트와 슬리퍼, 수건 등의 소품도 따뜻한 색상의 꽃무늬를 사용하는 것이 애정운을 높이는 비결이다.

북동향 거실

북동쪽은 사랑을 상징하는 방위다. 사랑을 간절히 원하고 있거나 아름다운 사랑이 찾아오기를 바라고 있다면 스스로 그런 환경을 만들어야 한다. 그러나 사랑이란 상대적인 것이다. 아무리 혼자서 노력해도 누군가의 도움이 없다면 이루어지기 힘들다. 그런 의미에서 북동쪽을 지배하는 사랑의 신의 도움을 받을 수 있도록 알맞은 인테리어를 하여 사랑을 성취할 수 있는 기회를 얻도록 하자.

북동쪽은 변화와 개혁의 기운이 강하다. 때문에 북동쪽의 힘이 긍정적으로 작용하면 보통 사람들이 상상할 수도 없는 획기적인 사랑을 할 수 있다. 그러나 인테리어가 적절하지 못하면 탐욕과 중단의 기운이 강하여 어렵고 힘든 나날을 보내게 된다. 가정적으로는 가족들이 행복한 시간을 보내는 일이 적어 단란한 가정을 이루기 어렵다.

북동쪽의 인테리어는 언제나 정갈해야 한다. 벽지나 커튼을 오래 사용하여 낡거나 변색되었다면 사랑의 감정도 빛을 잃게 되므로 과감하게 교체하도록 한다. 색상은 흰색이 좋은데, 너무 단조롭다면 입체 무늬가 있는 벽지를 선택하도록 한다.

point

사각형 화병에 백장미 같은 우아한 흰색 꽃을 꽂으면 길하다

북동쪽의 거실에 초를 두면 애정운이 상승한다.

북동쪽에서 애정운을 완성시킬 수 있는 풍수 재료는 분홍색이나 붉은색을 띤 한 쌍의 양초다. 양초는 스스로 타면서 빛과 에너지를 발생시킨다. 따라서 사랑의 상처로 가슴이 아프거나 새로운 사랑을 원할 때는 향기가 좋은 양초를 밝히고 간절한 마음으로 기도하면 빠른 시간 안에 사랑을 이룰 수 있다. 또 사랑하는 사람과의 관계가 좋지 않을 때도 양초를 밝혀놓으면 곧 처음과 같은 좋은 관계로 돌아갈 수 있다.

거실 천장에 실링 팬을 설치하면 인테리어 효과와 환기 기능을 겸하면서 사랑을 부르는 효과도 나타난다. 소파는 팔걸이가 없는 검소한 디자인에 천으로 된 것을 사용하고, 색상은 흰색이나 노란색이 좋다. 탁자는 흰색, 베이지색, 아이보리 색상의 나무로 만든 것이 좋고, 카펫은 베이지색 계열이 무난하다.

장식장은 원목 제품이 좋으며 술이나 유리잔 등을 넣어두려면 북쪽이나 서쪽에 설치한다. TV는 동쪽에 놓아두고 거실 창가에 키가 큰 스탠드를 한 쌍 세워두면 건전한 사랑을 할 수 있다.

이국적인 풍경의 그림을 흰색 테두리 액자에 넣어서 걸어두고, 식물을 놓을 때도 흰 꽃을 놓는 것이 좋다.

북동향 욕실 · 화장실

전체를 흰색으로 통일하고 소품도 단정한 디자인을 선택하여 정갈하게 꾸민 북동향 욕실 · 화장실.

북동쪽의 흉한 기운을 물리치는 방법은 욕실을 정갈하게 하는 것이다. 여러 가지 색상을 사용하면 기가 복잡하고 혼란스럽게 흐르기 때문에 절대 금물이다.

변기와 세면대는 무조건 흰색으로 한다. 벽타일 또한 흰색이 길하고 내장재와 소품, 수건 등도 흰색으로 통일한다. 결혼 적령기가 되었는데도 상대를 만나지 못한 미혼자들은 분홍색, 붉은색 등으로 부분 포인트를 주면 주변의 도움을 받아 좋은 인연을 만날 수 있다.

부부 욕실 • 북동향의 부부 욕실을 사용하는 중년부부는 인테리어에 각별한 신경을 써야 한다. 북동쪽은 귀문 방향이라 변화가 많기 때문에 안정적인 애정을 키우기에는 적절하지 못한 방위다.

가장 먼저 욕실 안에 꼭 필요한 물건이 아니라면 모두 밖으로 치운다. 특히 쓰레기통이나 지저분한 청소 도구 등은 보이지 않도록 수납한다.

신혼부부가 북동향의 욕실을 사용하면 태아에게 좋지 않은 영향을 미치게 될 수 있으므로, 인테리어를 흰색이나 아이보리색으로 통일하는 것이 좋으며 소품도 가급적 깨끗한 색상의 제품을 사용하도록 한다.

tip 목적별 거실 풍수 인테리어, 이것만은 알아두세요!

뿔뿔이 흩어진 가족들을 다시 모으려면? ★

가족 구성원 중 누군가가 방에 틀어박혀 나오지 않거나 가족이 좀처럼 한자리에 모이지 않는 경우에는 가구 배치를 바꾸도록 한다. 동쪽을 바라보고 생활하는 것이 가족이 원만하게 지내는 비결이다. 따라서 소파를 동쪽을 향하도록 위치를 바꾼다. TV도 동쪽에 놓는 것이 좋다.

유리 테이블을 사용해도 가족이 뿔뿔이 흩어지므로 주의한다. 평소 사용하는 식기는 동쪽과 남쪽의 기운을 흡수하게 하면 행운을 가져다준다. 따라서 찬장이 동쪽이나 남쪽을 향해 열리도록 배치해 가족들에게 에너지를 제공하는 식기들이 좋은 기운에 머물도록 한다.

한 공간에 거실과 식당, 부엌이 함께 있는 경우라면 부엌의 기운이 거실에 영향을 미치지 않도록 해야 한다. 커튼이나 파티션 등으로 칸막이를 하고, 이때 분위기 있는 패브릭으로 연출하면 소망하는 것을 이룰 수 있다.

고부 간의 갈등을 해소하려면? ★

젊은 부부와 시부모가 한집에 사는 경우, 연장자와 젊은 사람들이 앉는 위치가 방위에 맞지 않으면 불화의 가장 큰 원인이 될 수 있다. 젊은 부부는 동쪽이나 남쪽을 사용하고 어른들은 서쪽이나 북쪽에 앉는 것이 상대방을 존중하고 서로 좋은 관계를 유지할 수 있게 해주는 비결이다.

따로 사는데도 시부모가 자주 방문하여 피곤하게 한다면? ★

시어머니가 방문했을 때 현관에서 곧바로 거실로 안내하지 말고, 우선 식당으로 모신다. 그런 다음에 차와 케이크 등을 대접해서 시어머니의 잔소리를 막는다. 이렇게 하면 고부 간의 갈등도 줄어들고 가족 간에 인상도 좋아진다.

직업운을 높이고 싶으면? ★

자신이 하고 싶은 일을 하지 못하고 다른 직업을 전전한다면 거실의 남쪽과 동쪽을 이용한다. 소파를 도전 정신과 새롭고 희망찬 소식을 전해주는 동쪽에 두거나 해가 잘 드는 위치로 옮긴다. 또 남쪽 창 앞에는 키 큰 관엽식물을 두고 동쪽에는 소리 나는 시계를 건다. 취업을 준비하고 있거나 전직을 생각하는 사람들에게 특별한 행운이 올 수 있다.

직장 문제로 고민을 하고 있다면? ★

직장 문제로 남모를 고민을 하고 있거나 직장에서 중대한 결정을 눈앞에 둔 사람은 거실의 북쪽이나 서북쪽을 활용한다. 가장 먼저 자신이 앉는 소파나 의자를 북쪽에 두면 북쪽의 차분한 기운으로 분석력이 좋아진다. 따라서 자신의 고민 사항에 대하여 냉정한 판단력이 생겨 걱정거리를 해결할 수 있는 실마리를 찾게 된다. 이때 관엽식물을 이용하여 기운을 상승시키도록 하고 거실 동쪽에 가족사진을 두면 가까운 시일 내에 고민이 해결될 것이다.

재물을 모으고 싶으면? ★

급히 돈이 필요한 경우나 생각대로 돈이 모이지 않을 경우 거실의 동남쪽을 이용한다. 금전에 관계된 행운을 얻을 수 있도록 소품을 이용하는데, 가장 먼저 거실 동쪽에 오디오나 TV처럼 소리 나는 기계를 둔다. 또 동쪽에 붉은색 소품을 놓는 것도 금전운을 높이는 데 도움이 된다. 북동쪽에 꽃이 그려져 있는 엽서나 작은 그림을 놓는 것도 효과적인데, 이때 북동쪽과 잘 맞는 하얀색 액자에 끼워서 장식하도록 한다.

tip 욕실 · 화장실 인테리어, 이것만은 알아두세요!

욕실 · 화장실은 항상 물을 사용하기 때문에 거주자의 기운에 큰 영향을 미친다. 또한 애정 행위의 출발점이며 온갖 스트레스 및 질병 등과 직접적인 영향이 있다. 건전한 사랑을 위해서는 몸과 마음이 먼저 건강해야 한다. 인테리어 포인트를 참고하여 사랑의 기운을 가득 충전하자.

★ 몸 상태가 좋지 않을 때는 붉은색이나 노란색, 분홍색 등 양기를 가진 색상의 수건을 사용한다. 또한 컨디션이 지나치게 고조될 때는 청색과 같은 한색 계열의 수건을 사용하면 마음이 차분하게 진정된다.

★ 타일이 청색이나 녹색 계열의 한색이면 세면대나 욕실 의자, 비누통 같은 소품들은 베이지색이나 노란색의 난색으로 장식한다.

★ 욕조는 물이 깨끗해 보이는 색상이 좋으며 물때가 끼지 않도록 항상 청결하게 관리한다.

★ 습기는 좋은 운기를 방해하는 가장 큰 요소다. 목욕이 끝나고 남은 물은 남김없이 버리는 것이 좋다.

★ 혈액순환을 촉진시키는 데는 목욕이 최고의 처방이다. 몸을 담글 수 있는 욕조가 있는 욕실이 스트레스 해소에 좋다.

욕실, 이것만은 꼭 지켜야 한다 ★

- 습기가 차고 지저분하면 부부 관계에 심각한 트러블이 생길 위험이 있다.
- 욕조에 물을 받아둔 채로 두지 않는다. 목욕 후에는 반드시 욕조를 비운다.
- 목욕물을 세탁물로 활용하고자 한다면 날이 바뀌기 전에 세탁기에 물을 옮겨둔다.
- 목욕 매트나 목욕 수건 등은 햇빛에 잘 건조시킨다.
- 같은 목욕 매트를 너무 오랜 기간 사용하면 남편의 기운이 저하된다.
- 수도꼭지 등 금속 부분은 정성스럽게 손질해서 항상 빛나게 한다.

화장실, 이것만은 꼭 지켜야 한다 ★

- 밖에 내놓는 청소 도구는 아이들 공부에 악영향을 미친다. 관엽식물로 가린다.
- 어둡고 환기가 되지 않는 화장실은 흉하다. 창문이 없다면 환풍기를 적극 사용한다.
- 조명기구의 위치는 빛이 변기 위에 직접 비춰지지 않도록 한다.
- 슬리퍼를 사용하지 않고 매트만 까는 것은 좋지 않다.
- 변기 커버는 더러워지기 쉬우므로 수시로 세탁해서 깨끗하게 한다.

Roy Lichtenstein
NICE

part 6

참된 사랑을 이루게 해주는

Love Point Interior

love lucky

Love Point Interior 1

Love Point Interior 1

멋진 연인을 만날 수 있는 풍수 인테리어

자신의 가치를 알아주고 마음이 통하는 동반자를 만나는 것은 삶에서 가장 기쁜 행운일 것이다. 진정한 연인을 만나기 위해서는 외모나 내면을 가꾸는 것뿐만 아니라 천지만물의 흐름에 역행하지 않는 환경을 만드는 일도 중요하다. 하루 중 가장 많은 시간을 보내는 거주공간인 침실 인테리어를 바꾸어 사랑의 여신을 내 편으로 만들자.

침실의 기능 가운데 가장 중요한 것은 편안한 휴식과 낮 동안에 쌓인 피로를 풀어주는 것이다. 숙면하지 못한 몽롱한 상태로 있다면 좋은 사람이 눈앞에 다가와도 알아볼 수 없을 것이다. 애정운의 좋고 나쁨은 침실에 의해 좌우된다고 할 정도로 거주자의 기운에 가장 많은 영향을 미치는 공간이 바로 침실이다.

방의 방위와 가구의 배치, 장식품과 소품 등에서 발산되는 기운을 정확히 알아본 뒤, 상대방의 호감을 끌 수 있는 풍수 인테리어를 해보자.

침실의 각 방향 찾기

집의 중심점 찾기에서 보았듯, 먼저 침실의 방위를 알아본 후 침실의 한가운데중심점서 나침반을 이용하여 8방위를 알아보고, 각 가구가 지금 현재 어느 방위에 놓여 있는지 확인한다. 각 가구의 침실 내에서의 방위가 확인되었으면, 해당 배치도와 본문을 참고하여 가구 배치가 잘못된 가구를 체크한 다음, 자신의 침실에 맞는 적절한 사랑 풍수 인테리어를 한다.

침대 위치 정하기

잠자리에 들 때 머리를 두는 방향에 따라서 자신의 운명이 좋아질 수 있으므로 아래와 같이 자신이 태어난 해에 따라 잠자리 방향을 정한다. 여기서 주의할 점은 정북쪽 자오선으로는 머리를 두지 않아야 한다는 점이다. 예로부터 북침단면北寢短眠이라고 정북쪽으로 머리를 두고 자면 깊은 잠을 이루기 어렵다고 했다. 속설이기는 하지만 선조들의 경험에서 유래된 것이니 구태여 무시할 필요는 없다고 본다.

★ 원숭이 • 쥐 • 용띠	북북동(北北東) 방향, 1시 방향으로 머리를 둔다.
★ 돼지 • 토기 • 양띠	동동남(東東南) 방향, 4시 방향으로 머리를 둔다.
★ 호랑이 • 말 • 개띠	남남서(南南西) 방향, 7시 방향으로 머리를 둔다.
★ 뱀 • 닭 • 소띠	서서북(西西北) 방향, 10시 방향으로 머리를 둔다.

침대와 사이드 테이블

침실의 가구와 장식물을 살펴보자. 침대를 새로 구입할 때는 침대 헤드 모양을 꼭 살펴보도록 한다. 복잡하게 꺾이고 구불거리는 것은 삶을 격렬하고 굴곡지게 만들 수 있으므로 가능하면 피한다.

간혹 침대만 사용하는 경우가 있는데 이는 교제운은 물론 금전운까지 저하시키므로

행운색인 흰색의 패브릭과 가을 풍경화로 운을 상승시켜준 북향 침실.

침대 옆에는 반드시 사이드 테이블을 함께 배치하도록 한다.

침대 재질은 나무가 좋다. 음의 기운이 강한 철제 침대를 사용하고 있다면 노란색, 혹은 녹색 계열의 패브릭으로 양의 기운을 보충하도록 한다.

침대 머리맡에 결실을 맺는 가을 풍경화를 걸어두면 잠자는 사이에 사랑의 열매를 얻을 수 있다. 베개 커버를 침실 방위의 행운색으로 맞추면 운을 더욱 상승시킬 수 있다. 동쪽은 붉은색 계열, 서쪽은 노란색 계열, 남쪽은 녹색 계열, 북쪽은 흰색이 행운색이다. 만약 방위를 맞추기 곤란할 때는 난색 계열의 꽃무늬로 두 개 정도 준비하여 자주 교체하도록 한다. 또한 베개 밑에는 행복한 연인의 사진에 소원을 적어서 넣어두면 효과를 볼 수 있다.

소파와 테이블

소파나 테이블이 방에 비해 너무 크거나 고급품이면 조화롭지 못해 자신이 초라하다는 느낌을 갖게 되어 자신감을 상실하기 쉽다. 또한 기가 눌려 자신의 능력을 마음대로 발휘할 수 없다. 심플한 디자인의 천 소파가 가장 무난하다.

유리 테이블을 사용하면 진취적인 기상이 꺾이고 과거를 회상하며 슬픔에 잠기는 등 지난날을 돌이켜보는 습관에 빠질 수 있으므로 피한다. 테이블 모양은 삼각형이나 다각형의 기형적인 형태는 피해야 하며 다리가 세 개인 것도 좋지 않다. 가급적 다리가 네 개인 것이 좋고 사각형이나 타원형이 무난하다. 만약 유리 재질의 사각형 테이블을 갖고 있다면 천연 소재의 테이블보를 씌우고 동남아풍의 밀짚이나 나무 매트를 이용하면 나쁜 기운을 상쇄시킬 수 있다.

벽 장식

창문이 없는 벽에는 그림이나 포스터 등으로 장식한다. 꽃 그림을 걸면 마음이 풍요로워지며, 재질이 실크스크린이라면 금상첨화다. 다만 만화같이 황당한 그림이나 기이한 그림, 전위적인 그림은 걸지 않는 것이 좋다. 그림을 여러 개 걸고 싶으면 전체적인 균형과 통일성을 갖추도록 한다. 그러나 그림을 걸기 위해 여기저기 불필요하게 못을 박는 것은 매우 좋지 않다. 하나의 못을 박더라도 세심하게 신경 써서 꼭 필요한 자리에만 박아야 한다.

기타 장식물

수납을 위한 공간이나 책, 잡지 등을 놓아두는 곳은 반드시 북쪽이나 서쪽에 두어 남쪽이나 동쪽을 향하도록 한다. 가구의 전체적인 분위기는 양기를 발산하도록 윤이 나는 것으로 선택한다. 쿠션은 너무 많이 두지 말고 한두 개 정도만 꺼내놓는다. 인형은 바닥에 두지 말고 반드시 선반이나 장식장 등에 올려놓아야 한다.

Love Point Interior 2

Love Point Interior 2

결혼하고 싶은 여성을 위한 풍수 인테리어

결혼이 자꾸 늦춰지거나 애틋한 사랑을 하는 연인들이라면 누구라도 사랑의 결실을 얻고 싶은 법이다. 당사자들이 미처 깨닫지 못한 방해 요인을 제거하여 좋은 기운을 불러들이도록 하자.

먼저 침실은 기본적으로 여러 종류의 기운에 영향을 미치지만 애정운에 가장 깊숙이 관여한다. 그러므로 집에서 가장 생기가 많이 모이는 곳에 침실을 배치해야 한다. 간혹 숙면을 위해 가장 구석진 곳에 침대를 배치하고 희미한 조명을 사용하기도 하는데, 그럴 경우에는 생기가 모이지 않기 때문에 침실 인테리어로는 적합하지 않다.

애정운을 상승시키기 위해서 기본적으로 갖추어야 할 사항은 조명을 밝게 하고 실내 공기를 자주 환기시키는 것이다. 그럼, 침실을 중심으로 결혼에 골인할 수 있게 도와주는 풍수 인테리어에 대하여 알아보자.

침실

인테리어의 색상은 청색이나 밝은 회색 같은 한색 계열로 꾸민다. 어두운 느낌이 도는 검정 계열로 장식했다면 기분까지 우울해질 수 있으므로 즉시 바꾸도록 한다. 애정운을 높이려면 옅은 크림색이나 꽃무늬 커튼이 좋고, 바닥은 갈색 계열로 한다.

조명은 방의 천장 중앙과 북쪽 벽에 하나씩 단다. 북쪽 벽에 달 수 없으면 키가 큰 스탠드를 놓아도 좋다.

옷걸이나 옷장은 서쪽에서 남서쪽으로 두고 동쪽을 마주볼 수 있도록 한다. 부득이한 경우라면 북쪽에 두고 남쪽을 보게 한다. 침대는 남쪽으로 붙이고 머리는 동쪽으로 둔다. 거울이나 화장대는 서쪽에 놓고 동쪽을 보게 한다. 이렇게 하는 것은 동쪽의 새로운 기운을 얻기 위해서다.

TV와 오디오는 동쪽이 가장 좋고, 전화기나 팩스, 휴대폰, 충전기 등은 동남쪽 모서리에 작은 사이드 테이블을 놓고 붉은 꽃이 피는 화분과 함께 둔다. 동북쪽에 책장이나 책상을 두고 결혼할 시기를 기다리면 된다.

침대 & 사이드 테이블

침대는 방의 동남쪽에 두고 머리는 동쪽으로 향하게 한다. 이불은 화사한 꽃무늬를 사용하고 시트는 분홍색을 사용하는 것이 길하다.

사이드 테이블에는 진한 향수와 함께 이상형의 사진을 나무 액자에 넣어서 둔다. 침대 근처에 검정색을 제외한 키가 큰 스탠드를 놓아둔다. 전화기를 동쪽이나 남쪽에 두면 좋은 소식을 듣게 된다. 화장대는 서쪽에 두고 거울은 동쪽을 향하게 하면 길하다.

옷장 속에 입지 않는 옷은 다른 곳으로 치운다. 액세서리나 귀금속은 북쪽의 나무 상자 안에 넣어서 보관하도록 한다.

주방

서쪽은 잔소리가 많아지고 응석을 부리게 되며 낭비가 심해질 수 있기 때문에 애정운으로 보면 최악의 방위다. 또 돈에 너무 집착하는 마음이 싹트기 때문에 돈 많은 사람이 아니면 무조건 싫다는 편협한 생각을 갖게 된다.

서쪽에 부엌이 있으면 이처럼 여러 가지 악재가 있을 수 있지만 중후한 느낌을 주는 직사각형의 목재 테이블을 두면 불길한 기운을 가라앉힐 수 있다. 테이블 위에는 화사한 꽃을 두고 의자는 베이지색 계열로 한다.

욕실

침대를 중심으로 욕실이 북쪽 방향에 있다면 북쪽의 음기가 워낙 강해서 아무리 인테리어를 완벽하게 해도 효과가 현저하게 떨어진다. 그러므로 욕실의 위치를 북쪽으로 향하지 않도록 침대의 위치를 바꾼다. 이때 침대는 동쪽이나 동남쪽을 향하도록 하는 것이 애정운을 상승시키는 비결이다.

타일은 크림색이나 황색이 적당하고 욕조는 아이보리색이 좋다. 목욕 용품 역시 노란색이나 오렌지색 등 화사한 것을 사용하는 것이 애정운을 상승시켜준다.

아이보리색 욕조와 노란색 소품들로 결혼운을 높여준 욕실 인테리어.

Love Point Interior 3

Love Point Interior 3

교제운을 좋게 하는 풍수 인테리어

대인 관계에서 좋은 평가를 받지 못하는 사람들은 크게 두 부류로 나눌 수 있다. 자신에게 커다란 결점이 있는 듯 좌절하는 경우와 모든 잘못은 상대방에게 있다고 생각하는 경우가 그것이다. 이들은 남의 도움 자체를 거부하면서 독단적으로 일을 처리하려는 부정적인 생각을 갖고 있다.

하지만 사회생활을 하면서 사람들과 관계를 맺는 일은 가장 중요하다. 더욱이 조직사회라는 것이 혼자서는 살 수 없고 내가 부족한 부분은 남들의 도움을 받아야 하기 때문에 더욱더 그렇다. 성공하는 사람들의 힘의 원천은 많은 사람들을 접촉하는 외부에 있다고 생각하기 쉽지만, 근본적인 힘은 주거 공간으로부터 나온다.

풍수 인테리어는 매일 부딪치는 주거 환경을 자신에게 맞게 조절하여 정신적인 안정감을 주고 적극적인 삶을 살 수 있도록 하는 데 그 목적이 있다. 좋은 기운을 샘솟게 하여 교제운을 높여주는 풍수 인테리어 비법을 찾아보자.

현관

가장 신경 써야 할 곳은 현관이므로 집 안에서 가장 밝은 곳이 되도록 한다. 그 다음으로는 현관에 있는 거울이다. 최근에 분양하는 아파트는 붙박이로 거울이 설치되어 있는데, 너무 커다란 거울은 사람의 기운을 빼앗아갈 수 있으므로 화분이나 그림을 이용하여 절반 정도는 가려주는 것이 좋다.

남편이 과로로 지쳐 있거나 피곤해 보인다면 외부에서 활동할 때 많은 제약을 받게 된다. 이때 현관 출입문이나 침실 출입문에 맑은 소리가 나는 종을 매달아두면 남편에게 좋은 일이 생긴다. 풍수에서는 소리가 나는 것은 좋은 기운이 상승한다는 의미이므로 빠른 시간 안에 좋은 효과를 볼 수 있다.

현관 출입문에 맑은 소리가 나는 종을 달아두면 행운이 찾아온다.

부엌

남편의 대인 관계가 좋아지도록 하기 위하여 주부가 할 수 있는 간단한 방법으로는 부엌칼이 녹슬지 않도록 항상 날이 서 있게 하고 빛이 나게 관리하는 것이다. 또한 싱크대와 가스레인지도 마찬가지로 항상 새것처럼 관리하는 것이 남편의 성공을 위한 주부의 내조가 될 수 있다.

침실

침실은 남편이 집에서 생활하는 공간 중 가장 많은 시간을 보내는 곳이다. 따라서 남편의 기운에 많은 영향을 미치는 공간이라 할 수 있다.

침대는 출입문을 열었을 때 대각선 방향에 설치한다. 침실의 내장재로는 목재나 원목 색상이 길하다. 침대는 높이가 낮은 목재 제품이 가장 길하고, 머리는 동쪽을 향하고 잔다. 침대 커버는 꽃그림이 좋으며 커튼도 잔잔한 꽃무늬를 선택한다. 또 침대 헤드 양옆에 사이드 테이블이나 서랍장을 두고 남편의 소지품을 함께 두는 것이 좋다.

화장대는 북쪽에 두고 주변에 관엽식물을 둔다. 책장이나 남편의 소지품, 장식물들은 북쪽에 두도록 한다. 사이드 테이블 위에는 나무 액자에 친구들과 함께 야유회에 가서 찍은 사진을 넣어둔다. 동남쪽에 관엽식물을 두거나 붉은색 화분을 놓는다.

창문을 하루에 한 번 이상 활짝 열어 환기를 시킨다. 동쪽이나 남쪽에 창문이 없을 때는 전화기나 컴퓨터 같은 외부와 연락이 가능한 물건을 둔다. 남서쪽에는 예쁜 화병을 여러 개 두거나 종교와 관련된 상징물을 건다.

LOVE & LUCKY

Love Point Interior 4

Love Point Interior 4

몸과 마음을 아름답게 가꾸도록 도와주는 풍수 인테리어

아름다운 외모를 갖고 있다면 멋진 연애와 행복한 결혼 생활에 좀 더 유리하다고 할 수 있다. 그렇기 때문에 많은 여성들은 성형수술 등 물리적인 방법을 동원하여 아름다움을 얻고자 온갖 노력을 기울인다. 하지만 모든 사람들에게 호감을 얻을 수 있는 진정한 아름다움이란 건강한 육체와 밝은 마음, 건전한 성격에서 비롯된다.

다이어트를 하거나 아름다운 외모를 가꾸려고 노력하다 보면 신경이 곤두서거나 오히려 스트레스를 받게 되는 경우가 많은데, 이는 내적인 아름다움을 갖추는 데 전혀 도움이 되지 않는다. 그러므로 이때는 차가운 계열의 색을 이용한 인테리어로 마음을 가라앉힌다. 특히 가벼운 마음으로 음악을 듣는 등 마음을 편안하게 해주고, 여가를 보낼 때는 북쪽이나 동쪽 코너를 적극 활용하면 좋다.

그럼 이제 다이어트에 가장 큰 영향을 끼치는 욕실의 방위와 색상을 이용하여 몸과 마음이 다같이 아름다워지는 풍수 테크닉을 배워보자.

다이어트를 돕는 욕실의 방위와 색상

동쪽 욕실 • 동쪽의 밝고 건강한 기운은 욕실 특유의 습한 기운을 제거해준다. 그러나 동쪽 욕실은 자유분방한 기운이 강하게 작용하기 때문에 적절한 제어가 필요하다. 다이어트에 성공하기 위해서는 엄격한 자기 관리가 필수적이다. 인테리어 컬러는 화려한 색상이 좋다. 커튼이나 블라인드, 샤워 커튼, 매트 등은 파란색, 보라색, 흰색 계열의 색상을 사용한다.

동남쪽 욕실 • 동남쪽은 주변의 평판에 너무 신경을 쓰는 약점을 보인다. 대수롭지 않은 일에도 귀가 솔깃해져 그로 인한 마음의 상처를 받을 수 있다. 가장 신경 써야 하는 부분은 환기이다. 환풍기에 때가 타 있거나 먼지가 쌓여 있으면 주위에서 불평을 듣거나 구설수에 오를 수 있다. 인테리어는 밝고 연한 색이 좋으며 한색 계열의 진한 컬러도 무난하다. 거울은 큰 것을 사용하는 것이 좋다.

남쪽 욕실 • 남쪽은 음과 양이 교차하는 지점으로 까닭 없는 외로움과 슬픔으로 노이로제에 걸릴 가능성이 높다. 특히 세면대를 지저분한 채로 두면 여러 가지로 곤란한 상황에 놓이게 된다. 남쪽은 불과 상성이 좋지 않으므로 욕조를 사용하고 나면 반드시 물을 뺀다. 인테리어 컬러는 흰색, 녹색, 보라색, 파란색 등 한색 계열이 길하다. 창문은 환기용의 작은 크기 정도가 적당하다.

남서쪽 욕실 • 정신 건강 문제로 트러블이 발생하기 쉽다. 인테리어 색상이 어둡거나 햇빛이 들지 않으면 그런 경향은 더욱 높아진다. 통풍에 각별한 신경을 써야 한다. 욕조의 물은 그대로 밤을 보내지 않도록 바루바루 빼놓는다. 인테리어 컬러는 부드러운 색조가 좋다. 창문이 작으면 유리창에 녹색 계열의 선팅지를 붙이고, 창문이 크다면 흰색, 녹색, 노란색의 블라인드를 설치한다.

서쪽 욕실 • 서쪽은 쉽게 포기하고 체념하는 기운이 강해 다이어트에 불리한 방위다. 여기에 창문 역시 서쪽에 있다면 그러한 경향은 더 강해진다. 석양빛은 베이지나 갈색 계열의 블라인드로 신속하게 막아준다. 인테리어 컬러는 핑크빛 무드를 만드는 것이 무난하다. 타월이나 매트, 샤워 커튼, 거울 등의 소품은 화사하고 화려한 꽃무늬가 좋다.

서북쪽 욕실 • 서북쪽은 은밀함이 강한 방위다. 따라서 적극적으로 나서서 결정을 내려야 하는 순간 뒤로 물러나는 경향을 보인다. 이러한 문제를 해결하기 위해서는 내부에 나무 느낌을 살리는 것이 포인트이다. 여기에 녹색과 베이지 컬러로 자연스러운 분위기를 연출한다. 소품의 색상은 베이지색, 갈색, 녹색, 혹은 흰색도 무난하다.

북쪽 욕실 • 북쪽은 냉기가 강하므로 욕조의 물은 목욕 후에 반드시 빼야 한다. 욕실 내부 공간에 여유가 있다면 욕조를 설치하는 것이 좋고, 색상은 흰색나 아이보리색이 좋다. 소품은 기본적으로 난색 계열로 짙은 녹색이나 노란색이 길하다. 인테리어를 할 때에는 따뜻한 계열의 색을 적극적으로 사용해야 한다. 또한 북쪽은 환기가 잘 안 되는 특성을 가지고 있으므로 환기에도 신경을 써야 한다.

북동쪽 욕실 • 북동쪽은 정신력이 흐트러질 수 있는 방위이다. 따라서 자신감 결여로 판단력이 흐려져 낭패를 볼 수 있다. 흉한 작용을 억제하기 위해서는 내부 인테리어를 정갈하게 하는 것이 중요하다. 여러 가지 색상을 사용하는 것은 기운을 혼란하게 하므로 절대 금물이다. 내장재와 소품, 타월 등을 모두 흰색으로 통일한다. 부분적으로 포인트를 주는 것은 무방하다.

Love Point Interior 5

대인 관계에서 호감을 주는 풍수 인테리어

대인 관계를 좋게 하는 것은 행복하게 살 수 있는 첫걸음이다. 사람을 처음 만나는 순간 이미 상대방에 대한 감정은 어느 정도 결정된다. 어딘지 모르게 이끌리는 사람이 있는 반면 괜히 거부감이 느껴지는 사람이 있다. 여러 가지 이유가 있지만 가장 중요한 것은 그 사람을 감싸고 있는 기의 흐름이다.

기운이 맑고 깨끗한 사람은 밝은 성격을 가지게 되고 다른 사람들에게 좋은 인상을 줄 수 있다. 그러면 그런 기운은 어디에서 어떻게 만들어지는 것일까? 그것은 바로 사람이 살고 있는 주거 공간에서 만들어진다.

자신이 거주하는 공간이 불편하면 매사 짜증스러운 기분이 들게 된다. 따라서 많은 시간을 보내는 주거 공간의 기운을 좋게 만드는 것은 매우 중요하다. 풍수 인테리어를 이용하여 자신이 거주하는 공간의 가구들을 방위에 맞게 적재적소에 배치하여 좋은 기운을 불러들이도록 하자.

침실 • 여성을 가장 매력 있게 만들어 주는 곳은 침실이다. 침실은 대인 관계를 상징하는 동남쪽에 위치하는 것이 가장 좋으며 내부는 약간 어둡게 한다.

동쪽이나 남쪽에 창문이 없다면 사람들이 많이 모여 있는 파티 그림을 건다. 화장대와 옷장은 서쪽에 두는 것이 좋은데, 화장대 위에는 화장품을 복잡하게 늘어놓지 말아야 한다. 장식장은 북쪽에 두고 귀중품이나 소장품을 넣어둔다. 그러나 침실의 가구 배치는 출입문의 방위에 따라서 약간씩 달라진다.

침실 출입문의 방위에 따른 어드바이스

동쪽 출입문 • 실내 색상은 청색 계열의 꽃무늬가 좋다. 머리를 서쪽으로 두면 숙면을 취할 수 있다. 남쪽이나 서쪽 벽에는 세련된 유럽풍의 풍경화를 걸고 가벼운 음악을 틀어놓는 것이 좋다.

남쪽 출입문 • 관엽식물과 녹색 계열의 색이 인테리어 포인트다. 조명은 너무 밝지 않게 간접조명을 쓰는 것이 무난하다. 침대는 구석에 두는 것보다 중앙에 배치하고, 머리는 북쪽으로 두는 것이 좋다.

서쪽 출입문 • TV, 오디오, 전화기, 팩스 등은 동쪽에 두고 일출 그림은 동쪽 벽에 거는 것이 길하다. 가구는 원목의 질감이 느껴지는 갈색 계열이 좋으며, 침대는 중앙에 두고 머리는 북쪽으로 향하는 것이 가장 좋다.

북쪽 출입문 • 실내는 분홍색 계열의 꽃무늬를 사용하고 소품은 유리 제품이 무난하다. 동쪽에는 붉은색 꽃이 피는 화분을 두고, 잠잘 때는 머리가 서쪽을 향하도록 한다.

Love Point Interior 6

부부 금슬을 좋게 하는 풍수 인테리어

영화 같은 멋진 사랑을 하고 결혼에 성공한 커플이라고 해도 결혼 생활 10여년 정도면 대개 한두 번의 위험한 고비를 맞게 된다. 따라서 음양의 원리를 활용하여 부부간 사랑의 감정을 업그레이드할 수 있는 풍수 인테리어가 중요하다.

가장 기본적인 것은 방 안에 있는 물건이나 환경을 점검하여 양의 기운이 강하면 음의 기운으로 보충하고, 음의 기운이 강하면 양의 기운으로 보충해주는 것이다.

양의 기운은 남성적이다. 날카롭고 강인한 느낌이며 색상은 빨간색, 노란색, 오렌지색 등 난색 계열이다. 이렇듯 방 안의 분위기가 너무 밝으면 음의 기운을 보충해주어야 한다. 음의 기운은 쉽게 말해 여성적이라고 할 수 있다. 디자인이 부드럽고 원만한 선으로 되어 있으며 녹색, 청색, 회색, 푸른빛이 도는 자주색 등 한색 계열이다. 방 안의 장식물이 움푹 들어간 것으로 되어 있거나 분위기가 조금 어둡다면 양의 기운을 보충해주어야 한다.

침실

여러 공간 중에서 가장 중요하고 중심이 되는 곳은 침실이다. 침실은 부부 사랑을 확인하는 장소이기에 더욱 그렇다. 신혼 시절에는 사랑을 나눌 때 별다른 문제가 없었다고 해도 권태기에 접어들면 사소한 일에도 파장이 커진다. 따라서 섬세한 인테리어가 필요하다.

침실은 정숙한 분위기를 조성하면서 전체적으로 여백의 미를 살려주는 것이 좋다. 뻐꾸기시계나 괘종시계처럼 소리 나는 시계를 벽에 거는 것은 금물이다. 침실 옷걸이에 외출복이 주렁주렁 걸려 있는 것도 좋지 않다. 미관상 보기에도 좋지 않지만 외출복에는 외부의 흉한 기운이 묻어 있을 수 있기 때문이다. 따라서 옷걸이에는 간단한 잠옷 정도만 걸어두고 외출복은 반드시 옷장 안에 수납하도록 한다.

침실의 인테리어는 북쪽과 남쪽 방향이 중요하다. 인테리어가 알맞게 되어 있으면 부부가 친밀하게 애정을 나눌 수 있지만 불필요한 물건들이 배치되어 있으면 부부 간에 의부증, 의처증 증세가 나타날 수 있다.

북쪽에 큰 창이 있으면 심신이 고달프고 외로워져 우울증을 보일 수 있다. 북쪽에 화기를 두는 것은 절대 금물이다. 전기난로는 물론이고 라이터나 재떨이도 다른 곳에 두어야 한다.

남쪽은 상대에 대한 애정 표현이 정열적인 사랑과 끝없는 질투, 두 가지의 행태로 나타난다. 인테리어가 알맞게 되어 있으면 부부의 애정 관계에 이상이 없지만 불필요한 물건들이 기의 흐름을 방해하고 있다면 질투와 시기심으로 인해 이별할 수도 있다.

침실에 외출복이 보이도록 거는 것은 금물이지만, 잠옷 정도라면 침실에서 사용하는 옷이므로 괜찮다.

남쪽은 물과는 상극이므로 어항은 물론 작은 꽃병을 놓아서도 안 된다. TV, 오디오, 전화기 등 소리 나는 물건도 가능하면 두지 않는 것이 좋다. 벽에 남국의 풍경화나 관엽식물을 두는 것은 좋다. 방이 어둡다면 키 큰 스탠드를 한 쌍 놓는다. 곧 부부의 사랑도 환하게 켜질 것이다.

화장대는 서쪽에 두고 색상은 흰색이나 산뜻한 색으로 고르는 것이 좋다. 옷장은 북쪽에 두는 것이 좋으며 장식장도 북쪽에 두고 귀중품이나 소장품을 넣어둔다.

침실 출입문의 방위에 따른 어드바이스

동쪽 출입문 ● TV, 오디오, 전화기, 팩스 등은 서쪽에 둔다. 일출 그림을 걸 경우 서쪽 벽에 건다. 침대는 중앙에 두고 머리는 동쪽으로 향하는 것이 가장 좋다. 조명은 하나보다는 두 개 이상을 설치한다.

남쪽 출입문 ● TV, 오디오, 전화기, 팩스 등은 두지 않는 것이 좋다. 그림을 걸 경우 남국의 바다 그림이나 풍경화를 건다. 관엽식물을 두는 것도 좋다. 침대는 중앙에 두고 머리는 동쪽으로 향하는 것이 가장 좋다.

서쪽 출입문 ● 물기가 있는 물건들은 모두 밖으로 내보낸다. 남쪽에 부부 의자를 두고 내부 인테리어는 분홍색 계열의 꽃무늬로 하는 것이 좋다. 침대의 방향이 서쪽이라면 숙면을 취할 수 있다.

북쪽 출입문 ● 침대는 구석에 두는 것보다 중앙에 설치하고 머리는 북쪽으로 두는 것이 좋다. 사이드 테이블에는 갈색이나 붉은색 꽃을 둔다. 간접조명이 좋고 출입문 근처에 여름 풍경화를 건다.

Love Point Interior 7

Love Point Interior 7

아이를 갖고 싶은 여성을 위한 풍수 인테리어

하늘을 봐야 별을 따는 법이다. 신혼 때의 신선한 느낌을 잃지 않도록 정갈한 분위기를 조성하고 사랑의 느낌을 살려 늘 행복한 마음을 가지도록 노력하면 달콤한 성생활을 할 수 있다.

부부의 애정을 지배하는 곳은 바로 욕실인데, 남편의 바람기나 소원한 부부 관계 등은 욕실에서 그 원인을 찾을 수 있다. 부부 사이를 원만하게 유지하고 싶다면 욕실의 기운을 상승시켜야 한다.

또한 임신하기 위해서는 침실의 인테리어 역시 무시해서는 안 된다. 그럼, 아이를 갖기 위한 욕실과 침실의 풍수 인테리어에 대해 자세히 알아보자.

욕실 · 화장실

화장실과 욕실은 분리하는 것이 바람직하지만 기존의 구조를 바꾸기 힘들다면 파티션이나 커튼 등으로 간이 칸막이를 하는 것도 한 방법이다.

물을 많이 쓰는 욕실이나 화장실은 환풍기를 설치해서 습기를 제거하고 악취를 없애 쾌적한 분위기를 만들어야 한다. 샤워 뒤에는 창을 열어 환기시키고 좁은 장소에 화장품과 세면 용품 등이 가득 놓여 있는 세면대도 기운을 저하시키는 원인이 된다.

화장실의 위치는 동쪽이나 동남쪽이 가장 좋지만 현실적으로 화장실이 동쪽이나 동남쪽에 자리 잡기는 매우 어려우므로 풍수 인테리어로 모자라는 부분을 보충해야 한다.

욕실 매트나 샤워 커튼은 방위에 맞는 행운색이나 같은 색 무늬가 들어간 것을 사용한다. 진한 색상이나 꽃무늬, 혹은 격렬한 무늬의 매트를 사용하면 욕실 풍수의 힘도 저하된다. 부부 간 애정 관계에 문제가 생기거나 불륜 등으로 배우자가 집에 잘 들어오지 않게 될 위험도 있다.

목욕 수건의 색상은 흰색이 가장 좋지만 베이지색, 녹색, 청색 등의 옅은 색상이라면 길흉에 큰 상관이 없다. 하지만 너무 화려한 색상은 음양의 기운이 강해서 큰 영향을 미치므로 사용하지 않는 것이 좋다.

욕실 매트는 방위에 맞는 행운색이 들어간 것을 사용하면 좋고, 수건은 흰색이 가장 좋다.

침실

침실의 위치는 동남쪽이 가장 좋다. 그럴 만한 조건이 아니라면 햇볕이 잘 들어오고 통풍이 잘 되는 방을 선택한다. 그러나 이 역시 마땅하지 않다면 자연 색상의 조명을 밝게 유지한다.

동남쪽에 창문이 있다면 커튼은 꽃무늬가 가장 좋고 크림색, 베이지색, 녹색, 분홍색, 흰색 등으로 하는 것도 좋다. 동남쪽에 창문이 없다면 벽 중앙에 산뜻한 풍경화나 예쁜 소녀가 있는 그림 또는 포스터를 건다. 북쪽 벽에 그림이나 포스터 등을 어수선하게 장식하는 것은 좋지 않다.

장롱이나 화장대를 놓거나 붙박이장을 설치하려면 서쪽 벽이 가장 좋다. 하지만 이 방위에 수족관이나 작은 어항이 있다면 신속하게 다른 곳으로 옮긴다.

석류 열매를 구하여 침실에 두고, 석류 열매를 구하기 힘들면 석류가 그려진 그림이나 오렌지색 꽃을 장식하는 것도 한 방법이다. 다른 방법으로는 귀신을 물리친다는 복숭아나무 가지나 복숭아 그림으로 실내를 장식해도 효과를 볼 수 있다.

임신하기 위해서는 침실의 색상도 매우 중요하다. 북쪽 침실이라면 오렌지색이나 분홍색, 남서쪽이라면 가을을 상징하는 색인 갈색이나 녹색 계열을 이용한다. 북동쪽의 침실은 산뜻한 흰색을 사용하는 것이 가장 좋다.

여자 아이를 낳을 수 있는 침실 풍수 인테리어

침대 시트는 분홍색 계열의 꽃 그림이나 줄무늬를 사용하고 사이드 테이블에는 복숭아나무나 오렌지 나무가 그려진 그림을 둔다.

바닥은 카펫을 까는 것이 좋고 색상은 은은한 황토색으로 선택한다. 예쁘게 생긴 여자 아이 그림을 침대 머리맡이나 동남쪽에 장식하고, 벽에는 시골의 늦가을 풍경화나 흰 눈이 쌓인 그림을 동쪽이나 북쪽에 건다.

화장대는 북쪽 방향이 좋으며 분홍색 계열의 소품을 함께 둔다. 천으로 된 인형이나 여자아이를 위한 분홍색이나 노란색 소품을 남서쪽에 둔다.

TV, 오디오 등은 서북쪽에 두고, 남편 옷과 소지품은 서쪽에, 아내 옷과 소지품은 동쪽에 각각 둔다.

남자 아이를 낳을 수 있는 침실 풍수 인테리어

침대 시트는 청색 바탕에 꽃무늬나 체크무늬가 있는 것을 사용한다. 동쪽으로 머리를 두고 자면 남자 아이를 낳을 수 있는 기운이 상승한다. 벽과 바닥의 인테리어는 나무 소재나 나무 질감이 느껴지도록 장식하고, 사이드 테이블에는 녹색이나 청색 천으로 된 갓을 씌운 스탠드를 둔다.

북쪽에는 석류 열매나 석류 그림 또는 오렌지색 꽃을 둔다. 남자 아이를 위한 유아 소품을 남서쪽에 둔다. TV나 오디오는 북쪽이나 북동쪽에 두고 남자 아이의 그림이나 중세 기사의 그림을 건다. 옷장 속의 남편 옷은 북쪽에 두고 아내 옷은 남쪽에 둔다.

Love Point Interior 8

Love Point Interior 8

20대, 자신감과 진취적 기상을 불어넣는 풍수 인테리어

사회에 첫발을 내딛는 20대 여성은 삶의 중요한 기로에 서 있다고 할 수 있다. 경우에 따라서 이미 결혼을 했을 수도 있지만 결혼 적령기가 늦어지는 사회 분위기 탓으로 대부분 미혼으로 자신의 일을 하는 경우가 더 많다.

현재 직장을 다니면서 더 좋은 회사에 취직을 하고 싶다거나, 자신의 재능을 마음껏 발휘하고 싶다거나, 차후에 결혼을 하고도 계속 일할 경우를 대비해 자격증을 취득하고 싶어 하는 등의 바람들이 있을 것이다. 하지만 가장 중요한 일은 좋은 조건의 배우자를 만나기 위해서는 자신의 가치를 높여야 한다는 점이다. 독신을 고집하는 경우라도 삶의 질을 높이기 위해서는 20대에 확실한 자신의 영역을 구축해야 하기 때문에, 자신감과 진취적인 기상을 발휘하는 인테리어가 필요하다.

현관

현관은 외부의 기운이 들어오고 내부의 기운이 나가는 곳으로 집 안 전체의 기운을 크게 좌우하는 공간이다. 현관이 지저분하면 나쁜 기운이 들어올 수 있으므로 항상 깨끗하게 정리해둔다. 현관 바닥에 매트를 깔면 전체운도 좋아지고 출세에도 효과가 있다.

현관이 나무로 만든 문이 아니라면 현관문 안쪽에 나뭇결무늬의 접착 시트를 붙인다. 신발장은 클수록 좋고 노란색 꽃을 두는 것이 좋다.

현관에는 우산이나 자전거 등 지저분한 것을 두지 않는 것이 좋다. 거울은 현관에 들어섰을 때 오른쪽에 있는 것이 애정운을 상승시킨다.

현관에는 우산이나 불필요한 물건을 두지 말고 항상 깨끗하에 관리해야 한다.

침실

침실에서 가장 중요한 것은 전체 분위기를 좌우하는 침대와 커튼, 그리고 직접 몸에 닿는 패브릭이다. 침대 헤드 모양은 인생의 꺾은선 그래프로 보면 된다. 모양이 복잡하면 인생이 복잡해질 수 있으므로 20~30대라면 둥근 산 모양의 완만한 곡선이 좋다. 아무리 작은 창이라도 커튼은 꼭 설치하고 큰 베개를 사용하도록 한다.

침대는 방의 중앙에 설치하고 혼자 지내더라도 큰 침대를 사용하도록 한다. 머리맡에는 부를 상징하는 사진이나 그림을 건다. 남서쪽에 일인용 소파를 두어 편하게 휴식을 취할 수 있게 한다.

커튼은 베이지색 계열로 한다. 화장대와 옷장은 북쪽에, TV는 동쪽에 두고 주변에 예쁜 꽃이나 관엽식물을 둔다.

Love Point Interior 9

Love Point Interior 9

30대, 행복한 가정생활을 위한 풍수 인테리어

30대 여성의 삶은 가장 분주하다. 아이를 양육하고 남편의 출세나 사업의 성공을 위해서 자나 깨나 노심초사해야 하는 시기다. 또한 시부모 문제를 비롯하여 시댁 식구, 남편의 직장 동료, 아이의 친구들과 그들의 엄마들, 아이의 선생님, 이웃 등과 얽히면서 인간관계가 한층 복잡해진다. 그렇기에 자신에게 국한된 문제보다는 주변 환경까지 포용할 수 있는 인테리어에 초점을 맞추는 것이 포인트다.

물론 모든 부분에서 각각의 목적에 맞는 인테리어가 필요하지만, 여기에선 남편의 출세와 행복한 사랑을 나누기 위한 인테리어를 중심으로 살펴보겠다.

남편의 출세를 위한 침실 인테리어

방의 인테리어는 분홍색 계열로 하고 붉은색으로 포인트를 준다. 잠을 잘 때는 머리를 동쪽으로 둔다.

사이드 테이블에는 싱싱한 붉은색 꽃을 장식한다. 침대 헤드 모양은 둥근 것을 사용하고 베개 커버는 고급스러운 것을 쓰되 지저분해지지 않도록 자주 세탁한다.

북동쪽에는 종교와 관련된 장식물을 걸어두고 북쪽이나 서쪽에는 남편의 소지품을 둔다. 부인의 물건은 남서쪽에 두고 청색 계열의 장식품을 놓아둔다.

행복한 사랑을 나누기 위한 침실 인테리어

침실은 부드러운 난색 계열 인테리어에 꽃무늬로 포인트를 준다. 잠을 잘 때는 반드시 머리를 동쪽으로 두도록 한다.

사이드 테이블에는 남편 사진이나 가족사진을 놓아둔다. 동남쪽에는 꽃병이나 꽃이 핀 화분을 여러 개 놓아두고 남서쪽에는 키 큰 관엽식물을 둔다.

창문은 하루에 한 번 이상은 반드시 열어 외부의 기운을 받아들인다. 동쪽이나 남쪽에 창문이 없는 경우에는 전화기나 컴퓨터 등 외부와 연락이 가능한 물건을 둔다. 침실의 내장재로는 목재가 길하다.

동쪽으로 머리를 둘 수 있게 침대를 배치하고 난색 계열의 꽃무늬 패브릭으로 꾸민 30대를 위한 침실 인테리어.

Love Point Interior 10

40대, 여유 있는 삶을 위한 풍수 인테리어

정신없이 살아온 30대를 거쳐 40대가 되면 지나온 자신의 삶을 천천히 되돌아볼 여유 를 갖게 된다. 또한 남편과 자신의 건강에 신경이 많이 쓰이는 시기이기도 하다. 아울러 자녀들이 좋은 대학에 들어갈 수 있도록 정성을 기울이고 또한 자녀의 결혼 준비도 해야 하는 등 인생의 결실을 맺는 시기다. 한편으로는 노후를 보낼 집을 마련하는 시기이기도 하다.

따라서 이 모든 것을 원만하게 처리하기 위해서는 건강과 재물이 따르고 소망을 이룰 수 있는 풍수 인테리어가 필요하다. 남을 위해 일정 부분 희생하며 살아온 20~30대 때와는 달리 40대 이후에는 윤택한 노후를 보낼 수 있도록 여러모로 세심한 주의를 기울여 인테리어를 해야 한다.

남편의 성공을 돕는 침실 인테리어

서재를 따로 마련하는 것이 좋지만 그렇지 못할 경우 침실의 서북쪽에 남편의 책상이나 남편을 위한 장식장을 마련한다. 침대의 헤드 모양은 일직선으로 된 것이 좋으며 잠잘 때는 머리를 북쪽으로 둘 수 있도록 설치한다. 사이드 테이블에는 반드시 스탠드를 놓는다.

TV나 전화기는 동쪽에 두는 것이 길하다. 동쪽 벽에는 일출 그림이나 백두산, 한라산의 전경 같이 웅장한 기상이 있는 그림을 건다. 커튼은 베이지색 계열에 붉은 꽃무늬가 있는 것으로 한다.

남서쪽에는 화장대나 소파를 둔다. 침대 옆에는 분홍색이나 노란색의 부드럽고 향기가 좋은 꽃을 둔다. 발코니에는 꽃이나 식물을 여러 개 둔다.

넉넉한 애정을 위한 침실 인테리어

침대는 나무로 된 것을 선택하고 잠잘 때는 머리를 서쪽으로 둘 수 있도록 설치한다. 남서쪽에는 노란색 꽃을 장식하고 동쪽 벽에는 가을 풍경화를 건다.

창문 옆에는 키가 큰 스탠드를 놓고 부부용 테이블이나 러브 체어는 북쪽에 둔다. 발코니에는 형형색색의 꽃을 여러 개 장식하는 것이 좋다.

tip

사랑을 끌어당기고 밀어내는 풍수 아이템 5가지

사랑을 끌어당기는 5가지

깨끗한 속옷 ★ 사랑이란 보이지 않는 곳에서 영글어가는 것. 가장 소중한 곳을 깨끗하게 감싸고 있는 당신의 마음이 이미 상대방에게 청결한 느낌을 줄 것이다. 특히 분홍색이나 빨간색은 직접 착용하지 않고 보관만 해도 정열적인 기운을 샘솟게 하므로 매우 길하다.

욕조 ★ 물은 풍수에서 극과 극의 물질로 해석한다. 특히 뜨거운 물은 음의 기운을 양의 기운으로 바꾸기 때문에 매우 긍정적인 힘을 가졌다. 수증기가 몽실몽실 피어오르는 욕조의 뜨거운 물은 사랑의 열기와 파도를 상징한다.

싱싱한 들꽃 ★ 한적한 길가에 핀 작은 꽃을 보면 누구나 산뜻한 느낌을 갖게 마련이다. 싱싱한 들꽃을 침대 머리맡에 장식하거나 작은 컵에 꽂아두거나, 혹은 지갑 속에 들꽃 사진을 간직하면 예상치 못했던 우연한 만남이 이루어진다.

허브 양초 ★ 양초는 풍수에서 남을 위해 희생하는 생명체로 본다. 허브 향초를 켜두면 향기가 넘쳐 안정을 찾을 수 있다. 거듭된 사랑의 실패로 마음이 식었다면 허브 향초를 밝혀 사랑의 마음을 뜨겁게 달구어 참된 사랑에 대비하라.

거울 ★ 거울은 풍수에서 에너지를 흡수하는 생명체로 본다. 거울을 적극적으로 사용하면 긍정적인 힘을 얻을 수 있다. 소중하게 관리하는 거울은 잠자고 있는 시간에도 자신의 파트너를 끌어당긴다. 거울의 프레임은 원형이나 팔각형이 좋다.

사랑을 밀어내는 5가지

불결한 상태 ★ 사랑의 여신은 신경이 매우 예민하다. 따라서 날짜가 지난 신문, 굴러다니는 손톱 조각, 더러워진 베갯잇, 실밥이 터져서 속이 나온 인형 등 불결한 잡동사니가 눈에 띈다면 저만치서 발길을 돌릴 것이다.

외로운 물건 ★ 사랑이란 더불어서 함께하는 것. 한 쌍을 이루고 있던 물건이 짝을 잃어버렸다면 나머지도 처분하는 것이 좋다. 침대 사이드 테이블에 놓인 혼자 찍은 사진은 잠시 다른 곳에 두자. 베개는 두 개를 사용하는 것이 길하다.

차가운 색상 ★ 검정색이나 회색 그림, 빙산 혹은 설원의 사진 등은 사랑의 열기를 식힌다. 패브릭도 차가운 색상은 피하는 것이 좋다. 다만 양의 기운이 너무 강한 침실일 경우, 음양을 조절할 목적으로 포인트를 준 것이라면 예외로 한다.

불행한 이미지 ★ 흔히 작품 사진에서 많이 볼 수 있는 몹시 고독해 보이는 노인의 사진은 좋지 않다. 또 끊어진 다리나 처연하도록 슬퍼 보이는 석양의 그림 등 불행한 이미지가 연상되는 그림이나 사진 등은 사랑을 부르는 데 전혀 도움이 되지 않는다.

날카로운 이미지 ★ 선인장은 꽃이 피었거나 가시가 없는 것이라도 좋지 않다. 이상한 냄새가 나는 물건, 특히 관리하지 않는 골동품에서 나는 퀴퀴한 냄새 역시 좋지 않다. 은장도, 칼, 화살 등 장식용일지라도 무기 종류는 사랑의 기운을 몰아내는 역할을 한다.

tip 아이템별 풍수 인테리어 ABC

좋지 않은 기운을 가진 아이템은 패브릭으로 커버하자 ★

아이템에 따라 특성이 다르고 그에 따라 길한 디자인과 소재, 색상이 달라지게 마련이다. 그러나 집에 있는 아이템이 좋지 않은 기운을 가지고 있다 해서 무턱대고 버릴 수는 없다. 유리 소재의 탁자가 좋지 않다면 그 위에 행운을 불러들이는 색상의 패브릭을 덧씌우는 식으로 좋지 않은 기운을 좋은 방향으로 돌리는 지혜가 필요하다.

공간마다 중심이 되는 아이템에 각별한 신경을 써야 한다 ★

침실이라면 침대, 거실이라면 소파 등 공간마다 중심이 되는 아이템이 있다. 이러한 아이템들은 그 공간의 기운을 좌우하는 것들이므로 색상이나 위치에 특별히 신경을 써야 한다. 그리고 그 아이템의 특성에 맞춰 나머지 소품들을 배치하는 것이 효율적인 방법이다.

공간의 넓이를 고려해 크기와 높낮이를 조화롭게 하자 ★

아무리 좋은 운기를 불러오는 색상과 디자인의 제품이라 해도 공간과 어울리지 않으면 무용지물이다. 공간의 넓이를 고려해 크기와 높낮이가 조화로운 것을 선택해야 운을 상승시킬 수 있다. 전체적인 조화가 깨지면 편안한 느낌을 주지 못하기 때문에 오히려 불안하고 초조한 마음만 부추기게 된다.

전자 제품 주변에는 관엽식물을 둔다 ★

모든 전자 제품은 거의 대부분 풍수상 좋지 않은 아이템이지만, 전자 제품 없이 생활할 수는 없는 일이다. 이럴 때는 전자 제품 옆에 관엽식물을 놓아두는 것으로 좋지 않은 기운을 물리칠 수 있다. 관엽식물은 어디에 놓아도 좋은 기운을 불러들이는 아이템이기 때문이다. 그러나 공간과 전자 제품의 크기에 어울리는 정도의 식물을 놓아두어야 시각적인 조화와 함께 편안함을 얻게 되므로 전체적으로 조화를 이루도록 연출해야 한다.

가장 중요한 것은 청결이다 ★

풍수 인테리어에서 무엇보다 중요한 것은 청결이다. 아무리 좋은 기운을 가진 아이템을 궁합이 맞는 위치에 두어도 청결하지 않으면 좋은 기운을 부르기 어렵다. 풍수 인테리어에서는 아무리 쓸고 닦아도 지나침이 없다는 것을 명심하기 바란다. 특히 가전제품과 같이 먼지가 달라붙기 쉬운 제품은 먼지를 흡수하는 클리너로 자주 닦아주고 햇볕이 좋은 날에는 이불이나 침대 커버 등을 내다 걸어 항상 보송보송한 상태를 유지하게 하는 것이 몸과 마음을 건강하게 만들어준다.

쓰지 않는 물건은 과감하게 버린다 ★

집 안에 구질구질한 물건이 너무 많아도 행운이 달아난다. 자주 쓰지 않는 물건은 깔끔하게 정리해 수납하고 몇 년이고 그냥 처박아두기만 하는 물건은 차라리 버리는 편이 낫다. 수납해둔 물건이 오랫동안 햇볕을 받지 못하면 집 안에 음습한 기운이 감도는 원인이 된다는 것을 기억해야 한다.

기운을 상승시킬 수 있는 아이템을 함께 놓아둔다 ★

일반적으로 붙박이장이나 벽장이 있는 쪽에는 큰 창이 없다. 이런 방일수록 빛이 들어오지 않아 기운이 저하된다. 수납장이 있는 방위의 기운을 높이려면 행운의 아이템을 그 안에 함께 넣어두는 것이 좋다. 이때 보관한 물건 위에 행운색의 천을 덧씌우는 것도 효과적인 방법이다.

부록 1

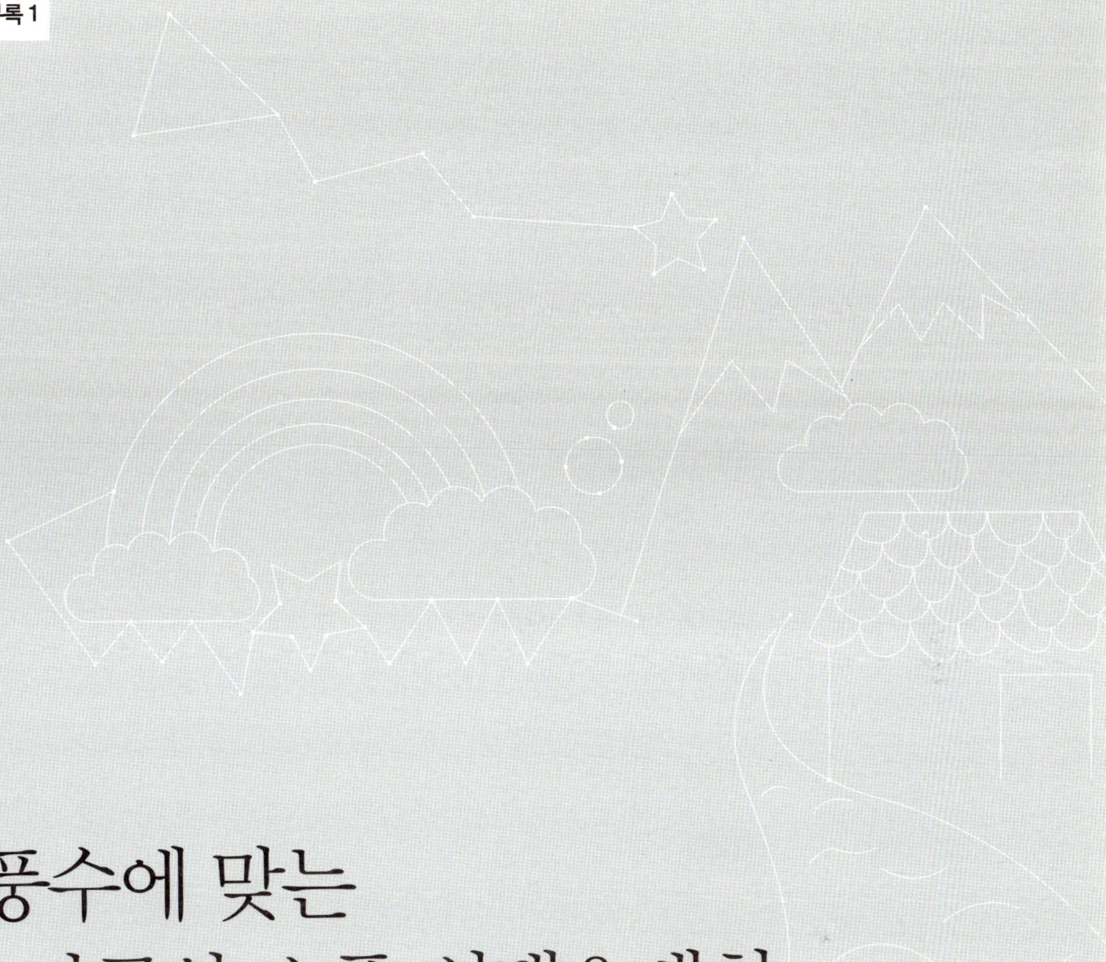

풍수에 맞는 가구와 소품 선택&배치

가전제품 | 에어컨 · 선풍기 / TV / 냉장고 / 전화기 / 오디오

가구 | 소파 / 테이블 / 침대 / 화장대 / 책상 / 수납 가구

조명 기구 | 스탠드 / 침실 조명 / 현관 조명 / 부엌 조명 / 화장실 조명

주방도구 | 조리도구 / 오븐 · 가스레인지 / 그릇 · 컵 / 부엌 매트 / 앞치마 · 슬리퍼 / 칼 · 가위

인테리어 소품 | 커튼 / 사진 · 그림 / 관엽식물 / 시계 / 장식물

★ 가전제품

가전제품은 자연 소재와는 거리가 먼 물건이므로 배치에 특히 신경 써야 한다. 다른 아이템도 마찬가지지만 정전기로 인해 먼지가 달라붙기 쉬우므로 더러움이 타지 않도록 유의한다.

에어컨 · 선풍기

바람과 궁합이 잘 맞는 동남쪽에 둔다

동남쪽은 바람과 궁합이 좋은 위치다. 따라서 에어컨이나 선풍기 등 바람을 일으키는 가전제품은 동남쪽에 두면 행운의 바람이 불어오게 된다.

TV

남쪽에 놓아두면 집안이 화목해진다

당연히 거실에 놓여 있어야 할 아이템인 TV. 그러나 TV가 거실의 기운을 좋게 하는 아이템은 아니다. 집 규모에 비해 필요 이상으로 큰 TV를 놓아두면 안정감을 잃고 이사를 자주하게 되므로 피한다. 반대로 소형 TV를 가지고 다니면 침착성이 사라지고 불안한 상태가 되기 쉽다. 둥근 디자인은 어디에 두어도 길흉의 에너지를 발생시킬 위험이 적으므로 TV는 모서리가 둥근 형태를 선택하도록 한다.

TV나 오디오를 거실 서쪽에 놓아둔 집의 아이들은 TV에 빠져들어 공부를 등한시하는 경향이 있다. 서쪽은 어떠한 일에 대한 결과를 상징하기에 공부하는 아이들에게는 서쪽 방향이 매우 좋은데, 집의 기운이 TV에 쏠려 TV가

집주인 행세를 하기 때문이다.

남쪽에 TV를 놓아둔 집은 가족 간에 대화가 많아져 화목하고 즐거운 가정을 이룰 수 있다. 남쪽은 밝은 방향이므로 TV를 보지 않고 대화를 나눌 기회가 많아지기 때문이다.

동쪽에 TV를 놓아두면 TV를 보는 시간보다 가족 간에 TV 채널을 두고 다투는 시간이 많아진다. 이때는 TV 주변에 관엽식물을 두어 다툼을 방지한다.

북쪽에 TV가 있는 집은 가족 간에 사소한 일 가지고도 다툼이나 불화가 잦아진다. 북쪽은 안정적인 방위인데, 그곳에 TV를 놓으면 기운이 흩어져 불안하고 초조한 기운을 불러들이기 때문이다.

냉장고

부엌과 같은 계열의 색상을 선택한다

집의 규모에 비하여 너무 커다란 냉장고는 가족 간의 애정을 떨어뜨리기 쉽다. 냉기가 너무 많이 발산되어 집 안 분위기를 따뜻하게 유지하기 어렵기 때문이다. 또한 냉기를 발산하는 냉장고에 양의 기운을 상징하는 강렬한 색상을 사용하는 것도 서로 충돌이 되기 때문에 좋지 않다. 특히 고부 간의 갈등이나 부모 자식 간에 사이가 좋지 않은 가정은 주의해야 한다.

서쪽 부엌인 경우 젊은 부부일수록 냉장고를 동향으로 두는 것은 피해야 한다. 낭비벽과 바람기가 많아지기 때문이다. 냉장고 문이 많은 것도 이혼을 부추길 수 있다.

시스템 부엌일 경우 부엌과 같은 계열의 색상을 선택하는 것이 좋다. 흰색 냉장고는 인간관계에, 녹색 계열은 사업운이나 직장운에, 청색 계열은 애정운에 좋지 않은 영향을 미칠 수 있다.

전화기

동쪽에 놓아 좋은 정보를 얻는다

전화기는 최대의 정보원 역할을 한다. 좋은 정보는 동쪽에서 오는 에너지의 영향을 받게 마련이므로 오디오나 비디오 등과 마찬가지로 동쪽에 놓아 둔다.

현대사회는 정보가 최우선이므로 한 대의 전화기로는 부족한 경우가 많다. 2~3대 정도의 전화기를 연결해서 사용하면 길하다. 특히 3이라는 숫자는 그 자체가 동쪽의 기운을 상승시키기 때문에 좋은 효과를 볼 수 있다.

회색 계열의 전화기는 사업운을 좋아지게 하고 흰색 전화기는 여행운과 인간관계를 좋게 한다. 최근에는 무선전화기가 발달하여 전화기의 방향을 제한받지 않고 둘 수 있으므로, 적절한 장소에 방위와 맞는 색상을 선택하여 좋은 기운을 불러들이도록 한다.

오디오

소리 나는 가전제품은 동쪽에 두는 것이 좋다

태양이 떠오르는 동쪽에 오디오나 비디오 등의 소리 나는 가전제품을 놓아두면 좋은 정보를 많이 얻을 수 있다. 특히 오디오 등은 파워가 강한 아이템이기 때문에 놓아두는 위치가 매우 중요하다. 스위치가 켜져 있는 상태에서는 양기가 발산되고 꺼져 있는 동안에는 음기를 발산하여 음양의 조화를 이룰 수 있기 때문이다. 색상은 검정색이 무난하다.

★ 가구

집 안에 놓인 구조물 중 가장 덩치가 큰 가구는 가족 전체의 운을 이끄는 중요한 아이템이다. 가구가 놓인 위치는 물론 각각의 디자인과 색상에 유의해 음양의 조화를 이루고, 사랑의 기운이 집안 가득히 넘치도록 해야 한다.

소파

방위별 환경을 고려하여 배치한다

풍수에서는 음양의 조화만큼 각 방위에 자연 환경에 적합한 색상의 배치를 중요하게 생각한다. 따라서 거실에서 가장 비중 있는 물건인 소파를 고를 때는 모양보다 색상에 신경을 써야 한다. 특히 젊은 사람일수록 난색 계열의 패브릭을 선택해 커버링에 관심을 가져야 한다.

소파가 태양을 상징하는 붉은색 계열이라면 난색 계열이므로 겨울을 상징하는 북쪽에 놓아 음양의 기운을 적절하게 조절해야 한다. 이러한 가구 배치로 겨울 바다의 신비한 분위기를 조성할 수 있다.

처음부터 커버가 단색으로 된 소파라면 쿠션이나 부분 포인트는 반드시 화려한 무늬로 해야 한다. 단색 무늬의 소파는 가정운과 재물운이 무미건조하게 될 수 있기 때문이다. 예술가 집안이라면 등나무로 만든 소파도 좋다. 사업을 처음 시작하는 경우라면 원목 소재의 천으로 된 소파를 선택한다.

테이블

원형보다는 사각형의 나무 테이블이 좋다

풍수에서 사각형은 양의 기운이, 원형은 음의 기운이 강한 것으로 본다. 원형은 현재 상태에 만족하는 의미를 가졌기 때문에 진취적인 사고방식이 필요한 젊은 사람들에게는 적절하지 않다. 특히 신혼부부의 경우 원형 테이블을 고르는 경우가 많은데 이것은 두 사람만의 공간에 있고 싶어 하는 마음을 은연중에 드러내는 것이다. 그러나 결혼이란 두 사람의 새로운 시작이므로 사각형 테이블을 선택하는 것이 좋다.

테이블의 소재는 나무가 가장 좋다. 천을 씌우거나 유리를 얹는 것보다는 나무판이 그대로 보이도록 사용한다. 유리나 대리석 소재의 테이블은 음의 기운이 강해 적극성을 저하시키므로 천으로 부분 포인트를 주는 것이 좋다.

침대

목재로 만든 높이가 낮은 침대가 좋은 기운을 흡수한다

대지의 기운은 지표면으로부터 1미터 내외에서 가장 좋은 힘을 발휘하므로 1층에 사는 경우라면 침대의 높이가 조금 높은 것을 선택하는 것이 좋다. 그러나 2층 이상에서는 안정감을 줄 수 있도록 높이가 낮은 침대를 사용하는 것이 길하다. 또 수면 중에는 외부의 기운을 저항 없이 받아들이기 때문에 자연 소재로 만든 침대가 유리하다.

침대 헤드 모양이 일직선으로 된 것은 삶을 단조롭게 만들 수 있다. 특히 젊은 사람들에게 직선 모양의 디자인은 발전하고자 하는 마음을 가라앉히므로 적절하지 않다. 침대 헤드 모양이 곡선으로 된 것을 선택하면 중년에 인생의 절정기를 맞을 수 있고, 복잡한 것을 선택하면 인생에 변화가 많아진다.

침대 커버는 무늬가 없는 것을 선택하고 침대 시트는 흰색이나 베이지색 등 깨끗하고 단조로운 면제품을 사용해야 금전운이 좋아진다.

혼자 자는 경우라도 침대는 클수록 좋다. 특히 직장운이 상승하므로 출세를 바라는 사람들은 혼자서라도 더블 침대를 쓰는 것이 좋다.

화장대

거울이 분리되는 화장대가 자신감을 부른다

현대는 여성들의 사회 진출이 활발하다. 따라서 매사 능동적이고 당당하게 살아가려면 자신의 모습을 가꾸고 확인하는 화장대가 꼭 필요하다. 따라서 화장대는 특별한 경우가 아니라면 큰 것을 사용하는 것이 길하고 화장대의 거울은 항상 깨끗하게 닦아둔다.

수납 부분과 거울이 분리되는 것으로 선택하는 것이 좋고, 금속성 제품은 피한다. 화장품을 화장대 위에 늘어놓으면 기의 흐름이 좋지 않으므로 화장대 아래에 수납하도록 하고, 보석 상자를 화장대 위에 올려놓는 것이 재물을 부르는 포인트다. 단 귀금속은 그냥 올려놓지 말고 반드시 보석함에 담아서 놓는다.

의자는 등받이가 없는 것으로 작은 타원형이 좋으며, 화장대는 침실의 북쪽이나 서북쪽에 두도록 한다.

책상

목재 제품으로 북쪽에 놓으면 집중력이 강해진다

책상은 북쪽을 향하도록 놓아 차분한 분위기에서 공부할 수 있도록 한다. 어린아이라도 화려한 색상이나 무늬가 프린트되어 있는 책상을 사용하면 마음이 혼란스러워지므로 나뭇결이 살아 있는 차분한 것을 선택한다.

철제 책상이나 책장이 붙은 책상은 좋지 않다. 책상 위에는 검은색이나 녹색 스탠드를 놓아둔다. 책상 위가 지저분하거나 자질구레한 물건이 많으면 북쪽에서 불러들일 수 있는 집중력이 흐트러지므로 좋지 않다. 책상 위는 항상 깔끔하게 정돈하고 책상 옆에 관엽식물을 놓아 마음이 들뜨지 않도록 한다. 의자 또한 화려한 색상을 피하고 남자는 파란색을, 여자는 녹색을 사용한다. 책꽂이는 서쪽을 향해 놓으면 책을 통하여 결실을 맺을 수 있다.

동남쪽은 좋은 인연을 상징하는 방위이므로 어린아이의 방이라면 동남쪽에 장난감을 두어 친구들과 함께 놀 수 있는 공간으로 사용한다.

수납 가구

수납하는 물건이라도 너무 구석진 곳에 두지 않고 햇빛이 비치도록 배치한다

풍수 인테리어에서는 수납 공간을 음택의 기능인 몸을 묻는다는 매장의 의미로 본다. 따라서 아무렇게나 넣어두는 것은 결코 좋을 리가 없다. 사용하는 물건별로 구분하여 차곡차곡 정리해서 보관한다. 가능하다면 색상별, 계절별로 구분해서 수납하도록 한다. 특히 행운의 공간에 위치한 수납 가구라면 그 안을 항상 깨끗하게 해두어야 예기치 않은 불행이나 사고 등을 막을 수 있다.

수납 가구는 가능하면 내부까지 빛이 들어오는 동쪽이나 남쪽에 둔다. 그렇게 할 수 없다면 수납 가구의 문이 햇빛이 들어오는 창문과 마주보도록 배치한다. 그릇을 보관하는 찬장이나 싱크대, 캐비닛 등도 안이 보이도록 유리가 끼워진 것이 좋다. 다만 유리는 자주 닦아 먼지나 오물이 묻어 있지 않도록 청결하게 관리한다.

★ 조명기구

풍수에서 조명은 매우 중요한 역할을 한다. 빛을 발하는 물건이기 때문에 밝음과 어두움으로 음양의 조화를 조절할 수 있기 때문이다. 자연체인 태양의 기운을 듬뿍 받으면 운이 좋게 상승하지만, 입지 조건이 좋지 않아 태양의 기운을 받을 수 없는 상태라면 조명을 이용하여 좋은 운을 불러들이자.

스탠드

양의 기운을 끌어들이는 좋은 아이템이다

특별히 좋은 기운을 상승시키고 싶은 방위에 플로어스탠드를 놓아 밝은 기운을 주면 운이 제대로 풀린다. 스탠드는 되도록 긴 것을 사용하는 것이 좋은데 디자인적으로 보기 좋고 받침대가 안정감이 있는 것을 선택하도록 한다. 특히 스탠드의 기둥이 2~3개가 꼬여 있는 디자인의 제품을 사용하면 부정적인 면에서 삶의 변화가 많이 생기므로 좋지 않다.

전기 요금을 절약하겠다는 생각으로 천장에 달려 있는 조명 하나만 사용하면 인생이 너무 단조로워진다. 항상 새롭고 좋은 기운을 불러들이기 위해서 창문 양쪽에 키가 큰 스탠드를 둔다.

교제운을 높이고 싶으면 동남쪽에 원형의 스탠드를 놓고, 직업운을 상승시키고 싶으면 서북쪽에 사각형의 스탠드를 두는 것이 좋다. 생활의 활력이 없고 무미건조하다면 동쪽에 녹색이나 청색의 플로어스탠드를 놓아둔다.

친구나 동료들의 도움이 필요할 때는 남쪽 창문 옆에 두 개의 스탠드를 놓으면 좋은 효과를 볼 수 있다. 단 불을 켤 때는 양쪽 스탠드 모두 사용하도록 한다. 무엇보다 중요한 것은 스탠드는 항상 쌍을 이루어 설치해야 행운이 더욱 좋아진다는 것이다.

침실 조명

여러 개의 조명을 용도에 따라 사용한다

침실은 기본적으로 음의 기운이 강한 곳이다. 따라서 적절한 조명으로 음양의 조화를 맞추도록 한다. 일반적으로 침실에서 사용하는 간접조명은 분위기를 내기는 좋지만 간접조명만으로는 좋은 기운을 받기에 힘이 약하다. 간접조명을 주가 되는 조명으로 사용하고 부분 부분 스포트라이트나 독서등을 달아 밝은 빛을 내도록 한다.

커다란 스탠드나 사이드 테이블에 있는 스탠드 조명만으로 생활한다면 건강을 해치기 쉽다. 또 원형 스탠드를 사용하는 사람은 쓸데없는 정보까지 귀담아 듣게 되어 오히려 올바른 판단을 내리기 힘들다.

현관 조명

크고 밝은 조명을 설치한다

행운이 들어오는 입구인 현관은 특히 조명에 신경을 써야 한다. 보통 현관조명에는 크게 신경을 쓰지 않아서 대부분 천장에 다운 라이트 하나만 사용하는데, 운을 좋게 하기 위해서는 이외에도 보조등을 두는 것이 좋다.

또 대체로 조그맣고 어두운 것을 사용하기 쉬운데, 현관이 어두우면 오던 복도 달아난다는 것을 염두에 두고 신발장에 스탠드를 두거나 크고 밝은 조명을 달아 현관 전체를 밝게 비추도록 한다. 밝기를 조절할 수 있는 조명이면 더욱 길하다.

부엌 조명

밝은 조명으로 건강한 삶을 유지하자

간혹 절전 등의 이유로 주방을 침침하게 하는 경우가 있는데 이것은 매우 흉하다. 주방은 음의 기운이 강한 곳이다. 따라서 양의 기운을 불러들여 음양의 조화를 맞추어야 한다. 또 풍수로 볼 때 주방은 가족의 건강운과 재물운을 좌우하는 공간이므로 주방을 어둡게 하면 인생에서 가장 중요한 것을 잃어버릴 수 있다.

부엌의 천장 중앙과 싱크대나 식탁 위 같은 자연광이 들지 않는 공간일수록 밝은 조명을 단다. 흔히 사용하는 간접조명보다는 직접조명을 사용하는 것도 괜찮다. 특히 식탁의 조명기구는 분위기를 돋울 수 있도록 은은하고 고급스러운 제품을 선택한다.

화장실 조명

자연광에 가까운 백열등으로 습한 기운을 몰아내자

화장실은 어디에 위치해 있어도 흉한 작용이 강하다. 따라서 길한 기운을 높이기 위해서는 음습한 기운을 몰아내는 것이 중요한데, 조명은 그런 역할을 하기에 매우 좋은 아이템이다. 창문이 없는 경우에는 할로겐램프보다 자연광에 가까운 백열등을 사용한다. 특히 불빛이 변기에 직접 닿는 것은 가장 흉한 경우이므로 그럴 때는 조명기구의 위치를 다른 곳으로 옮겨야 한다.

★ 주방 기구

가정에 좋은 기운이 넘치게 하기 위해서는 방위에 맞는 물건을 적절하게 배치해야 한다. 특히 주방은 온 가족이 식사를 하고 주부의 가사 노동의 대부분이 이루어지는 곳이다. 따라서 주방에 필요한 물품은 주부가 가장 마음에 드는 것을 구입하는 것이 좋다.

조리도구

많이 사용하는 소품일수록 풍수의 영향을 더 많이 받는다

부엌의 기운을 상승시키기 위해서는 주방에서 사용하는 모든 조리 도구에도 풍수의 기운을 활용하는 것이 좋다. 주방은 다른 곳과 달리 집 안에서 가장 위험한 물건이 많기 때문이다.

소홀히 지나치기 쉬운 냄비나 주전자 등은 불에 직접 닿는 것이기 때문에 노란색이나 흰색을 사용하는 것이 좋다. 소금이나 조미료 등을 담아두는 양념통은 내용물에 따라서 뚜껑 부분을 구분해서 사용하도록 한다.

특히 프라이팬은 사용하기 편하다는 이유로 벽에 걸어두는데, 이것은 풍수로 볼 때 가장 흉한 일 중 하나이므로 반드시 싱크대 안에 수납한다.

오븐 · 가스레인지

항상 청결하게 관리하도록 신경 쓴다

오븐이나 가스레인지는 음식을 만드는 마지막 기구이므로 항상 오염의 사각지대에 놓여 있다. 주변에 관엽식물을 놓으면 음식을 만들 때 발생하는 흉

한 기운을 순화시켜줄 수 있다. 특히 오븐의 내부는 오염도가 가장 심하므로 정기적으로 청소를 하여 흉한 기운이 머물지 않도록 각별히 신경 써야 한다.

가스레인지가 더러우면 다툼의 원인이 될 수 있으며, 환풍기에 기름때가 엉겨 있으면 구설수에 휩싸임 수 있으므로 조심해야 한다.

그릇 · 컵

노란색과 흰색이 재물운을 상승시킨다

음식을 담아두는 그릇에도 행운의 기운이 머물러 있다. 특히 입이 직접 닿는 컵에는 길흉의 작용이 크게 나타난다. 명심해야 할 점은 강렬한 원색은 피해야 한다는 것이다. 무난한 색으로는 노란색과 흰색을 들 수 있다. 노란색에는 금전운이 따르므로 흰색에 금색으로 포인트를 주는 그릇을 사용하는 것이 재물운을 상승시키는 데 중요한 역할을 한다.

부엌 매트

행운색을 사용하면 좋은 기운을 몸으로 흡수할 수 있다

주방에서 가장 오래 서 있는 장소는 바로 싱크대 앞이다. 따라서 싱크대 앞에 깔아두는 부엌 매트를 행운의 색상으로 선택하는 것이 중요하다. 그곳에서 나오는 기운을 발로 흡수할 수 있기 때문이다. 색상은 부엌의 방위에 맞는 색을 선택하고 열매를 상징하는 디자인이 좋다. 소재는 자주 세탁할 수 있는 것이 좋고 청결한 관리 상태가 사랑을 부른다.

앞치마 · 슬리퍼

주부의 몸을 보호해 주는 중요한 아이템이다

앞치마와 슬리퍼는 보조도구라는 생각에 자칫 소홀하게 취급될 수 있다. 그러나 앞치마와 슬리퍼는 집에서 가장 위험한 공간인 부엌에서 주부의 몸을 보호해주는 중요한 아이템이다. 앞치마 역시 부엌의 방위에 맞는 색상을 선택하거나 식욕을 자극할 수 있는 빨간색, 주황색을 선택하도록 한다.

슬리퍼는 더럽혀졌을 때 쉽게 세탁이 가능한 소재를 선택하는 것이 좋다. 비싼 것보다는 저렴한 것으로 자주 교환해주는 것이 더 길하다.

칼 · 가위

항상 수납꽂이에 정돈하는 습관을 들이자

부엌이 풍수에서 중요하게 취급되는 이유는 바로 칼과 가위를 다루기 때문이다. 식칼을 아무렇게나 놓는 집은 가족들이 자주 다쳐 마음고생이 심하거나 돈이 모이지 않아 고민하는 경우가 많다. 식칼이나 과도, 가위 등은 반드시 정해진 위치에 놓아야 한다. 칼을 수납할 수 있는 칼꽂이를 마련해두는 것도 흉한 기운을 길하게 바꿀 수 있는 좋은 방법이다.

★ 인테리어 소품

풍수 인테리어에서는 가구처럼 커다란 물건이 아니더라도 작은 소품이 의외로 흉한 기운을 물리치고 행운을 부르는 경우가 많다. 집의 구조나 방향이 좋지 않을 때, 흉한 작용을 하지만 쉽게 바꾸기 곤란한 커다란 가구가 있을 때엔 소소한 인테리어 소품으로 흉한 기운을 상쇄하고 길한 기운으로 바꾸는 방법을 찾아본다.

커튼

한쪽에 무늬가 있다면 다른 한쪽은 무늬가 없는 것으로 음양의 조화를 맞추도록 한다.

커튼은 집 안의 기운을 좌우하는 중요한 인테리어 소품이다. 아무리 작은 창이라도 반드시 속 커튼과 겉 커튼, 이중으로 설치한다. 색상은 각 방위의 행운색을 기준으로 쓰도록 하고, 창이 두 곳 이상 있는 경우에는 큰 창문이 있는 곳을 방위에 맞는 색상으로 선택하도록 한다.

커튼의 재질은 레이스와 직물로 된 것이 무난하고 가능하면 베이지색, 아이보리색, 옅은 무늬가 있는 흰색 등 밝고 깨끗한 색상으로 한다. 커튼은 한쪽에 무늬가 있으면 음의 기운이므로 나머지 하나는 무늬가 없는 양의 기운으로 만들어서 음양의 조화를 맞추도록 한다.

동쪽에 창이 있다면 분홍색 계열의 따뜻한 색상이 좋고, 남쪽에 창이 있다면 녹색이 좋다. 서쪽의 경우라면 베이지색이나 녹색이 좋은데 반드시 석양의 빛을 차단할 수 있도록 두꺼운 천을 사용하고, 북쪽이라면 붉은색, 분홍색, 와인색이 좋다.

사진 · 그림

적재적소에 걸려 있는 그림으로 음양의 조화를 맞춘다

방위에 맞는 그림을 거는 것이 인테리어 포인트다. 동쪽에는 일출 장면이나 어린아이들의 그림을, 남쪽에는 넓은 바다나 여름 풍경을, 서쪽에는 가을 풍경이나 열매가 맺혀 있는 그림을, 북쪽에는 대평원의 그림이나 존경하는 인물화를 걸어둔다.

가족사진은 풍수로 볼 때 가장 좋은 아이템이다. 위치는 현관에서 바라보이는 곳에 걸어두는 것이 가장 좋고 사진 근처에 싱싱한 화분을 두면 금상첨화다.

풍경화나 판화는 가족들의 재능을 키워주는 장식품이다. 직업을 바꾸고 싶거나 색다른 일을 하고 싶을 때 걸어두면 소망하는 것을 이룰 수 있다.

관엽식물

싱싱한 식물은 집 안에 장식할 수 있는 아이템 중 가장 자연적인 장식물이다

관엽식물은 풍수 인테리어에서 매우 중요한 역할을 한다. 관엽식물은 어디에 놓아도 좋은 역할을 하지만 적재적소에 놓는 것이 좋은 기운을 부른다. 특히 시든 것을 방치하면 좋은 운이 달아나버리므로 정성스럽게 관리하는 것이 중요하다.

또 아무리 좋은 아이템이라고 해도 너무 많이 장식하는 것은 좋지 않다. 사람의 키보다 큰 1.8미터 이상의 키가 큰 관엽식물은 식물이 주인이 되어버리기 때문에 좋지 않다.

집 안에 전체적인 행운을 높이려면 싱싱한 관엽식물을 햇빛이 잘 들지 않거나 기운이 좋지 않은 장소에 놓는 것이 포인트다. 기본적으로 5~7평 정도의 넓이라면 높이 1.5미터 정도의 식물을 한 그루 이상 놓도록 한다. 작은 화분이라면 3~5개 정도 놓아두는 것이 좋다.

시계

소리가 나는 시계는 동쪽에 걸고, 뻐꾸기시계는 기의 흐름을 깨뜨리므로 흉하다

소리가 나는 시계는 동쪽에 놓는 것이 좋다. 자명종은 아침을 여는 역할을 하므로 역시 동쪽에 놓는 것이 가장 좋다. 작은 소품이지만 하루를 시작한다는 의미가 있으므로 소리가 맑고 좋은 제품을 사용하도록 한다.

너무 특이하거나 장난스러운 제품은 하루하루를 피곤하게 만들 수 있으므로 피한다. 또 유리 표면이나 뒷면에 기념품이나 행사명 등이 적혀 있는 것은 자신의 기운을 살릴 수 없으므로 지워서 사용하도록 한다.

침실 벽에 큰 시계가 걸려 있으면 노력한 것만큼 결과를 얻을 수 없고, 현관에 놓인 시계는 강박관념에 시달리게 하므로 좋은 행운을 놓치게 만들 수 있다. 라디오나 계산기에 딸린 시계를 사용하는 사람들은 사소한 일에 매달려 큰 것을 놓치기 쉬우므로 주의해야 한다.

ANTIQUAIRE

부록 2

풍수 인테리어, 무엇이든 물어보세요

풍수 인테리어에서 궁금했던 모든 점을 알아보자!

사랑과 행운 풍수 인테리어 Q&A

Q

풍수 인테리어에서 가장 중요한 점은 무엇입니까?

A 풍수에서는 음양의 조화가 가장 중요합니다. 따라서 부분적으로 인테리어를 할 때는 우선 집이나 방의 환경이 음과 양의 기운 중 어느 것이 강한지 살펴봐야 합니다. 인테리어가 한색 계열이면 음이고 난색 계열이면 양의 기운이 강하다고 볼 수 있습니다. 또한 채광이나 통풍이 좋지 않다면 음이며, 해가 잘 들고 통풍이 좋다면 양이라 할 수 있습니다. 주변 환경을 살펴본 뒤 음의 기운이 강하면 양의 기운을 보충해주고, 반대로 양의 기운이 강하면 음의 기운으로 보충하도록 하는 것이 풍수 인테리어의 기본입니다.

Q

풍수에서 말하는 방위는 흔히들 말하는 동서남북과 다른가요?

A 조금 다릅니다. 지도나 건축 도면에 나타난 북은 '진북' 이라 하고, 풍수에서 말하는 '북' 은 자석의 붉은 침이 가르치는 '자북' 을 말합니다. 하지만 일반인들은 보통 자석이나 나침반으로 방향을 측정하기 때문에 풍수에서 말하는 '자북' 을 쉽게 알 수 있습니다.

Q

풍수 인테리어의 영향을 가장 많이 받는 공간의 순서는 어떻게 되나요?

A 획일적으로 단정할 수 없지만 굳이 구분한다면 ①침실, ②거실, ③현관, ④부엌, ⑤욕실 순이라고 할 수 있습니다.

Q

수맥이 풍수 인테리어에 끼치는 영향은 어떤가요?

A 수맥은 초자연적인 기운을 발산하는 것이 아니고 전자파가 끼치는 영향 정도의 피해만 줄 뿐입니다. 다만 전파 속도가 빠르기 때문에 그 영향을 빨리 받는다고 할 수 있지요. 일반적으로 동판을 침대 밑에 까는 정도로도 피해를 충분히 막을 수 있습니다.

Q

풍수 인테리어의 효과가 나타나는 시기는 언제인가요?

A 사람에 따라 다릅니다. 바로 그날 효과를 경험하는 사람도 있는가 하면 1년이나 걸리는 사람도 있습니다. 일반적으로 49일에서 100일 정도가 소요되므로, 금방 효과가 나타나지 않더라도 초조해하지 말고 정성을 들이는 자세가 필요합니다.

Q

만나는 사람과의 관계가 좋지 않아 세상만사가 다 귀찮습니다. 몸도 안 좋고 기분도 많이 다운되어 있는데, 풍수와 관계가 있을까요?

A 물론입니다. 풍수 인테리어는 환경에 의한 심리 상태와 깊은 관련이 있습니다. 마음이 힘들고 지친 상황에 있다는 것 또한 관련이 있습니다. 침실과 사무실의 네 방위를 구석구석 깨끗하게 청소하고, 또 행운이 드나드는 공간인 출입구와 현관을 깨끗하게 관리하는 것만으로도 모든 것이 상당히 달라질 수 있습니다.

Q

원룸에서 혼자 생활하고 있습니다. 원룸의 구조상 거실과 침실의 구분이 곤란한데 애정운에 영향을 끼치지 않을까요?

A 원룸의 경우에는 방위 구분을 확실하게 해야 합니다. 방의 중심에서 방위를 구분한 다음 풍수 인테리어의 행운색과 러브 포인트 인테리어를 적용해 보세요. 동쪽은 붉은색, 서쪽은 노란색, 북쪽은 분홍색이 길하며 남쪽에 관엽식물을 놓아두면 머지않아 자신이 원하는 것을 얻을 수 있게 될 것입니다.

Q

그동안 몇 번의 만남과 이별을 거쳤습니다. 이제 마음을 비우고 마지막으로 누군가를 사귀고 싶은데, 선뜻 사람이 생기지 않습니다. 적당한 방법이 없을까요?

A 동남쪽, 서북쪽, 북쪽 방향에 대인관계가 좋아지는 흰색이나 노란색, 분홍색, 붉은색 등의 소품을 장식합니다. 또 소지품도 가급적 부드러운 색상을 사용하세요.

Q
호감을 주는 직장 동료가 있는데, 어떤 때는 기분 좋은 모습을 보이다가도 어떤 때는 얼음장처럼 싸늘한 태도를 보이곤 합니다. 휘둘리는 느낌이 들어 일이 손에 잡히지 않는데 어떻게 하면 좋을까요?

A 라벤더와 은색의 소품을 몸에 지니고 다닙니다. 음양의 조화로 정신적으로 안정을 찾게 되고 남의 기분에 휘둘리는 일도 사라질 것입니다.

Q
교제운을 높이고 싶어서 동남쪽에 머리를 두고 자려고 하는데 방의 모서리가 동남쪽입니다. 어떻게 해야 할까요?

A 침실에서 침대나 이불을 대각선으로 두면 안 됩니다. 동남쪽은 중간 방위라서 범위가 넓으므로 약간 동쪽이나 남쪽으로 향해도 동남쪽이라고 볼 수 있습니다. 정확히 동남쪽에 머리를 둘 수 없다면 베개나 침대 커버, 침대 시트를 동남쪽과 상성이 좋은 오렌지색이나 녹색, 붉은색으로 바꾸면 좋은 효과를 볼 수 있습니다.

★ 부부 관계

Q

우리 부부의 고향은 부부의 애정운을 방해하는 흉한 방위에 있습니다. 고향을 방문했을 때 물건을 얻어오거나 사오지 말아야 하는 것일까요?

A 물건을 직접 사는 것은 무조건 피해야 합니다. 그러나 선물 받은 것이라면 큰 상관이 없습니다. 다만 음식물의 경우에는 적당한 열을 가하여 1차 조리를 하거나 물로 씻어내는 등 흉한 기운을 바꾸려는 노력을 한 후 섭취하는 것이 좋습니다.

Q

남편이 흉한 방위에서 단기간 혼자서 근무를 하게 되었습니다. 부부 사이가 원만하지 않기 때문에 더 걱정이 많이 되는데 좋은 방법이 없을까요?

A 흉한 방위로 가게 되면 미리 적절하게 대책을 세워야 합니다. 행운색으로 된 속옷을 입거나 혹은 지니고 있는 것이 기본이며, 현지에서는 소모품 외의 기념품이나 선물 등은 사지 않도록 합니다.

Q

시댁에서 독립을 하고 싶습니다. 함께 살면서 매일 갈등하는 것보다는 분가하여 가끔 만나면서 좋은 사이를 유지하는 것이 낫다고 생각하는데 어떨까요?

A 분가하는 것도 좋은 방법이지만 근본적으로 시댁과의 관계를 좋은 방향으로 바꾸도록 노력하는 것이 더 필요합니다. 나무 테두리의 거울을 시부모의 방을 향하여 놓으면 시댁 식구의 흉한 기운이 거울에 반사되어 밖으로 나갈 것입니다. 그 뒤부터는 갈등이 줄어들고 시간이 지나면서 분가도 자연스럽게 이루어질 수 있습니다.

Q

얼마 전에 결혼을 하면서 일을 그만두었습니다. 빨리 아이를 낳고 맞벌이를 하려고 하는데 좀처럼 아이가 생기지 않습니다. 좋은 방법이 없을까요?

A 침실 북쪽에 분홍색, 혹은 오렌지색 소품이나 석류 그림을 놓으면 아이가 생길 확률이 높습니다. 또 귀문 방향인 북동, 남서쪽에도 분홍색이나 오렌지색을 사용하는 게 좋습니다.

Q

부부 성격이 급해서 자주 부딪칩니다. 북쪽으로 머리를 두고 자면 불같은 성격이 수그러들고 차분해진다고 하는데, 북쪽은 죽은 사람의 머리를 두는 것이라고 알고 있어 내키지 않습니다. 정말 괜찮은지 알고 싶어요.

A 크게 신경을 쓰지 않아도 됩니다. 오히려 북쪽은 석가가 열반에 들었을 때 머리를 두었다 하여 존경받는 인물이 눕는 위치로 여겨지고 있습니다. 금전운을 상승시키는 효과도 있으므로 북쪽에 머리를 두는 것은 결코 나쁘지 않습니다.

★ 가구

Q

거실에서는 소파가 차지하는 비중이 높은데 이에 대한 조언을 해주세요.

A 가장 무난하고 좋은 패브릭은 난색 계열입니다. 무늬가 있거나 화려한 것은 운을 저하시키는 원인이 되므로 피하고, 또한 소파는 디자인보다 색이 더 중요합니다. 젊은 사람일수록 붉은색 등 따뜻한 느낌의 난색 계열의 더욱 좋습니다.

Q

가죽보다는 천 소파가 좋다고 하던데 바꿔야 할까요?

A 등받이 부분에 천을 장식하는 식으로 일부분을 천으로 장식하는 걸로도 충분합니다. 현대 풍수에서는 최고의 명당이나 절대적이라는 것이 없습니다. 주어진 환경이나 여건에서 최선을 다하는 것이 바람직합니다.

Q

최근에는 다양한 소재의 테이블이 있는데 어떤 것이 좋은가요? 돌이나 유리 테이블은 나쁘다고 하는데 바꿔야 하는 걸까요?

A 여러 사람들의 시선을 받고 또 직접 사용하는 테이블의 경우 유리보다는 목재로 만든 것을 사용하는 것이 무난합니다. 천이나 가죽 등 커버를 씌우

지 않고 나뭇결이 그대로 드러나게 사용하는 것이 좋으며, 유리나 대리석으로 된 테이블은 음기가 강해 적극성을 상실할 수 있으므로 주의해야 합니다. 이런 테이블을 사용하고 있다면 커버를 씌우고 매트를 깔아서 음의 기운을 제어하는 것이 좋습니다.

Q

테이블은 원형 디자인을 많이 사용하던데 어떤 형태가 좋을까요?

A 원형보다는 사각형이 좋습니다. 사각형은 양을 상징하고 둥근 모양은 음을 상징합니다. 신혼부부들이 유난히 원형 테이블을 고르는 경향이 많은데, 이것은 둘만의 세상으로 빠져들고 싶다는 기분을 나타내는 것이라고 볼 수 있습니다. 따라서 장래를 생각한다면 사각형으로 다리가 네 개 달린 전형적인 테이블을 고르는 것이 좋습니다.

Q

천장의 조명기구나 바닥에 세우는 스탠드 등의 비중은 어떠한가요?

A 풍수에서 빛을 발하는 조명기구는 중요한 역할을 수행합니다. 태양의 혜택을 듬뿍 받으면 좋은 기운을 받을 수 있겠지만 입지 조건에 따라 해가 잘 들지 않는 곳도 많습니다. 이런 경우에는 조명이 태양의 역할을 대신합니다. 특히 현관은 조금 밝은 느낌이 들 정도로 조명을 환하게 해주는 것이 좋고, 전체적으로 조명이 단조로우면 인생도 단조롭게 될 수 있기 때문에 주의해야 합니다.

★ 소품

Q

꽃을 장식하라고 할 때 조화도 괜찮은가요?

A 가능하면 생화를 사용하는 것이 좋습니다. 조화는 생화에 비해 활기찬 기운이 약하기 때문인데, 조화를 사용할 경우에는 향수를 뿌리거나 포푸리 오일을 뿌려서 기운을 돋아주면 어느 정도는 목적한 바를 이룰 수 있습니다. 이때 반드시 화병 밑에 받침을 깔고 방위에 맞는 행운색을 선택하도록 합니다.

Q

거울의 효과와 상징하는 의미, 올바른 사용 방법은 무엇입니까?

A 거울은 행운을 불러들이거나 힘을 키워주는 효과 외에도 흉한 기운을 피할 수 있게 해주는 의미도 있습니다. 결함이 있는 장소에 거울을 걸면 그 방위의 부족한 힘을 보충할 수 있습니다. 단, 거울을 서로 마주보게 놓는 것은 거울의 기운이 서로 충돌하게 되므로 절대 금물이며, 집에 들어섰을 때 정면에 거울이 보이게 되면 좋은 기운이 반사되어 나갈 수 있으므로 다른 곳으로 치우는 것이 좋습니다.

Q

관엽식물을 효과적으로 장식하는 방법에는 어떤 것이 있나요?

A 관엽식물은 잎이 무성한 것일수록 좋으며 좀 더 효과를 높이기 위해서는 화분을 방위에 맞는 색으로 고르거나 색칠을 하면 됩니다. 그러나 나중에 다른 곳에 사용하기 위해선 간단하게 천이나 종이로 포장하는 방법도 무난합니다.

Q

아파트 발코니에서 식물을 키우는 것도 효과가 있을까요?

A 3층 이내면 대지의 기운을 받기 때문에 굳이 식물을 키우지 않아도 큰 상관은 없습니다. 그러나 그 이상의 고층일 경우에는 지표면에서 멀리 떨어져 있어 대지의 기운을 제대로 받을 수가 없으므로, 고층 건물의 경우에는 적극적으로 식물을 키우는 것이 더 좋습니다. 화분은 땅의 기운이 담겨 있는 토기 화분을 사용하는 것이 가장 좋습니다.

Q

이루고 싶은 일이 많을 경우에는 어떻게 하나요?

A 애정운, 금전운, 건강운 등 누구든 소원이 한 가지일 수는 없습니다. 그렇다고 소품을 한꺼번에 늘어놓으면 지저분하고 흉한 기운이 생길 수 있으므로, 가장 중요하고 시급한 소망을 이룬 뒤에 다음의 운에 맞게 다시 소품을 점검해보는 것이 좋겠습니다.

새우와 고래가 함께 숨 쉬는 바다

사랑과 행운의 **풍수 인테리어**

지은이 | 이상인
펴낸이 | 전형배
펴낸곳 | 도서출판 창해
출판등록 | 제9-281호(1993년 11월 17일)

초판 1쇄 인쇄 | 2008년 9월 7일
초판 1쇄 발행 | 2008년 9월 14일

주소 | 121-846 서울시 마포구 성산1동 226-4 창해빌딩 2층
전화 | (02) 333-5678(代), (02) 3142-0057
팩시밀리 | (02) 322-3333
홈페이지 | www.changhae.net
E- mail | chpco@chol.com
* chpco는 Changhae Publishing Co.를 뜻합니다.

ISBN 978-89-7919-902-4 14590
978-89-7919-900-0 (세트)

값 15,000원

이 도서의 국립중앙도서관 출판시도서목록(CIP)은 e-CIP 홈페이지
(http://www.nl.go.kr/cip.php)에서 이용하실 수 있습니다.
(CIP제어번호 : CIP2008002710)